Manching

Führer zu archäologischen
Denkmälern in Bayern
Oberbayern, Band 3

Susanne Sievers

Manching

Die Keltenstadt

THEISS

Werner Krämer, dem Begründer der Manching-Forschung gewidmet

Mit freundlicher Unterstützung von:

EADS

e·on Netz

Herausgegeben von der Archäologischen Staatssammlung München – Museum für Vor- und Frühgeschichte – , dem Bayerischen Landesamt für Denkmalpflege und der Römisch-Germanischen Kommission des Deutschen Archäologischen Instituts

Bibliografische Information Der Deutschen Bibliothek

Die Deutsche Bibliothek verzeichnet diese Publikation in der Deutschen Nationalbibliografie; detaillierte bibliografische Daten sind im Internet über http://dnb.ddb.de abrufbar.

Umschlaggestaltung: Finken & Bumiller, Stuttgart, unter Verwendung einer Zeichnung von Flemming Bau, Århus

Typographie: Finken & Bumiller, Stuttgart
Satz: Die Herstellung, Stuttgart
Druck: Memminger MedienCentrum
ISBN 3-8062-1765-3

Inhalt

Vorwort der Herausgeber

Seit annähernd fünfzig Jahren bemühen sich das Bayerische Landesamt für Denkmalpflege und die Archäologische Staatssammlung in München als die staatlich zuständigen Institutionen gemeinsam mit der Römisch-Germanischen Kommission des Deutschen Archäologischen Instituts um den Schutz des Oppidums von Manching und um dessen Erforschung. In 15 stattlichen Monographien und einer großen Zahl von kürzeren Abhandlungen wurde die wissenschaftliche Welt über die bisherigen Ergebnisse unterrichtet, und verschiedene Ausstellungen, wie die große Kelten-Ausstellung in Rosenheim im Jahr 1993, bieten ebenso wie die Dauerausstellungen in der Archäologischen Staatssammlung sowie im Stadtmuseum Ingolstadt einen Überblick für die Laien. Ergänzend dazu in einem handlichen Führer den Stand des Wissens zusammenzufassen und mit vielen Abbildungen zu erläutern, ist ein lange gehegter Wunsch. Wer anders als Frau Dr. Susanne Sievers, Wissenschaftliche Direktorin der Römisch-Germanischen Kommission des Deutschen Archäologischen Instituts, die seit 1984 an den Forschungen beteiligt ist und sie seit 1994 leitet, wäre geeigneter gewesen, diese Aufgabe zu übernehmen. Es ist staunenswert, welch lebendiges und detailreiches Bild vom Werden und Vergehen dieser frühesten Stadt in Süddeutschland, vom täglichen Leben, von Handwerk, Gewerbe und Handel und vielen anderen Aspekten sie zeichnen kann. Die Grundlagen dazu wurden z. T. unter schwierigsten Bedingungen dem Boden abgerungen, ehe Baumaschinen die Spuren für immer ausgelöscht hätten. Viel größere Flächen sind leider unbeobachtet restlos zerstört worden, vieles haben Raubgräber dem Boden entrissen und der Öffentlichkeit dauerhaft entzogen.
Möge der Führer, der zugleich neugierig machen soll auf das bereits im Entstehen begriffene Neubauprojekt eines Manchinger Zweigmuseums der Archäologischen Staatssammlung, dazu beitragen, dass dauerhafter Schutz und fürsorglicher Umgang in Zukunft erreicht werden, damit das einzigartige Zeugnis keltischer Stadtkultur besser bewahrt werden kann.

Dr. C. Sebastian Sommer, München
Prof. Dr. Siegmar von Schnurbein, Frankfurt am Main
Prof. Dr. Ludwig Wamser, München

Vorwort der Autorin

Wollte man sich bislang umfassend über das international bekannte Oppidum von Manching informieren, so war man gezwungen, sich durch eine größere Anzahl umfangreicher Bücher hindurchzulesen, zahlreiche Aufsätze zur Hand zu nehmen oder sich mit knappen Zusammenfassungen zufrieden zu geben. Sind all diese Publikationen weder billig, noch in jeder Buchhandlung vorrätig, so ist es auch nicht jedermann möglich, in einer größeren Fachbibliothek Einsicht in die entsprechende Literatur zu nehmen.

Dass nicht schon sehr viel früher ein Manching-Führer geschrieben wurde, lag teils an der Arbeitsüberlastung der jeweiligen Projektleiter, teils hielt man den von Werner Krämer 1970 in Band 1 der Manching-Reihe gegebenen Überblick, der auch dieser Publikation als wichtige Grundlage diente, für ausreichend und schließlich löste eine Grabung die andere ab, was natürlich den Forschungsstand immer wieder veränderte und eine zusammenfassende Darstellung als verfrüht erscheinen ließ.

Das Ende einer wiederum mehrjährigen Grabungskampagne in Zusammenhang mit der in Ingolstadt ausgerichteten Tagung des West- und Süddeutschen Verbandes für Altertumsforschung im Jahr 2003, verbunden mit der Aussicht auf die Eröffnung eines Keltisch-Römischen Museums in Manching, schien nun ein passender Anlass, die immer wieder hinausgeschobene Publikation endlich in Angriff zu nehmen, zumal dem Manching-Team und all jenen, die sich für das Oppidum interessieren oder sich der Manching-Forschung verbunden fühlen, das Fehlen einer die Allgemeinheit umfassend informierenden Publikation zunehmend bewusst wurde.

Das vorliegende Bändchen gründet auf einer Fülle von Daten, die zahlreiche Kolleginnen und Kollegen (vgl. S. 150–156) erarbeitet haben. Dennoch wird jede weitere Grabung das hier gezeichnete Bild mit neuen Schattierungen versehen oder gar verändern.

Für technische und organisatorische Hilfen danke ich J. Bahlo, R. Gebhard, C.-M. Hüssen, H.-J. Köhler, M. Leicht, K. Ruppel und J. Zyzik; M. Leicht und S. v. Schnurbein danke ich für die kritische Durchsicht des Textes.

Susanne Sievers

Die Geschichte der Erforschung von Manching

Der »Pfahl« als Grenzmarke und Steinbruch

Der im Volksmund »Pfahl« genannte Wall erregte schon früh das Interesse und die Fantasie der Anwohner sowie der Reisenden. Er nahm Einfluss auf die Verkehrsführung und sicher auch auf die Aufteilung der Felder, wenngleich die einst weithin leuchtenden Kalksteine der Stadtmauer und das Erdreich des Walles, da sie willkommenes Baugut waren, im Bereich des Dörfchens Manching mittlerweile entfernt wurden. Bereits aus dem Jahr 1417 gibt es eine erste schriftliche Erwähnung. Auf alten Karten – z. B. auf der *Mappa* aus dem Jahr 1603 (Abb. 1) – ist der Wall gut zu erkennen. Er diente wohl lange Zeit als unverrückbare Grenzlinie. Erst dem 19. Jahrhundert verdanken wir eine zunehmende Beschäftigung mit dem »Pfahl« und die Erkenntnis, dass es sich um ein prähistorisches Objekt handelt, das man allerdings anfangs für römisch hielt. Dies trifft für den sich 1802 mit der römischen Topographie beschäftigenden Grafen Johann Adam von Reisach zu, für Benedikt Joseph Grasegger aus Neuburg a. d. Donau, der 1822 die Viereckschanze südlich des Walles erwähnte, oder für den Regensburger Lycealprofessor Joseph Andreas Buchner, der 1831 den Ringwall von Manching mit dem in römischen Quellen, nämlich dem *Itinerarium Antonini* und der *Notitia Dignitatum*, genannten *Vallatum* in Verbindung brachte, wobei man *Vallatum* von der Wallruine herleitete. Buchner berichtete auch von Funden, darunter zwei goldenen Regenbogenschüsselchen.

Abb. 1 Manching. *Mappa über das Ambt Reichertzhofen* (Blatt 3) von 1603. Folgen die Straßen alten Trassen oder hat man neue Wege beschritten?

Blick auf Manching. Im Vordergrund liegt die Grabungsfläche von 1985, rechts die »Dürre Au«; in der Nähe der Kirche wird das Westtor vermutet.

Einen ersten Überblick über die damalige Literatur zu *Vallatum* gab 1832 der Augsburger Johann Nepomuk von Raiser in seinem Werk *Der Ober-Donau-Kreis des Königreichs Bayern unter den Römern*. Für die folgenden Jahre sind spektakuläre Schatzfunde wie der »Ingolstädter Silberbecher«, mehr als tausend Regenbogenschüsselchen bei Irsching nahe Manching und der »Wohnstättenfund« vom Leisenhart zu vermerken.

Das Militär hinterlässt erste Spuren

Eine unbeobachtete Zerstörung des Westteils des Oppidums bewirkte 1879 der Bau des Forts Manching als Teil der Festung Ingolstadt. Doch als 1880 Manching von Pfalz-Neuburg zum Bezirk Ingolstadt wechselte, bedeutete dies auf der anderen Seite einen Aufschwung in der Erforschung der Anlage. Militärs wie Karl Ritter von Popp und Hauptmann a. D. Hugo Arnold befassten sich nun mit dem Ringwall und seinem Umfeld. Arnold war es auch, der Manching erstmals als keltisches Oppidum bezeichnete. Hier zeigt sich eine Parallele zu Frankreich, wo unter Kaiser Napoleon III. die Erforschung der Oppida Galliens, u. a. *Alesia*, eingesetzt hatte. Auch dort spielte das Militär eine hervorragende Rolle. Bereits 1866 war das von Napoleon III. verfasste Werk *Der Gallische Krieg* erschienen. Ende des 19. Jahrhunderts beschäftigte sich der Ingolstädter Kaserneninspektor Friedrich Brumann intensiv mit dem Oppidum und der *Vallatum*-Frage. Er hielt Wall und Viereckschanze allerdings für

Abb. 2 Manching als Schauplatz einer Schlacht zwischen Römern und Kelten nach der Vorstellung von F. Brumann.

römisch und rekonstruierte fantasievoll das Schlachtgeschehen um Manching (Abb. 2). Ein Auszug aus einem 1886 in Ingolstadt gehaltenen Vortrag Brumanns gibt uns einen Eindruck vom Pathos der damaligen Zeit, aber auch von einer noch nicht von Flugplatzlärm und Industriebauten geprägten Region: »Den Wall wieder ersteigend nimmt uns ein Eichenwald auf und unwillkürlich haftet hier der Schritt, gebannt von dem idyllischen Landschaftsbilde, das uns über den Egelgraben weg vor Augen liegt. Wohl 500-jährige Eichen wölben ihr schattig Blätterdach über uns und heiliger Schauer ergreift uns. Mitten auf dem Walle, den mit

Mühe und Kunst einst Römerarme erbaut zum Schutze gegen die Barbaren, haben deutsche Eichen Wurzeln gefasst, dem Sieger gleich, der seinem erlegten Feind den Fuß auf die Brust setzt.« Brumann begann mit Grabungen im – wie sich herausstellte – mittelalterlichen Burgstall »Schlössl« und trug wertvolle Angaben zur Geschichte, zur Topographie und zu Altfunden Manchings zusammen. Später befasste sich Major a. D. Albrecht Unkelhaeuser u. a. mit den Wasserläufen in und um Manching.

Der Beginn moderner Grabungen und Forschungen

1892/93 unternahm der Würzburger Gymnasialprofessor Joseph Fink im Auftrag der »Kommission zur Erforschung der Urgeschichte Bayerns bei der Bayerischen Akademie der Wissenschaften« erste Untersuchungen am Wall und im Bereich der angenommenen Tore und Straßen sowie an der Viereckschanze. Er begann außerdem mit der Erforschung des Gräberfeldes auf der Flur »Steinbichel« westlich der Paar im Ortsbereich Manchings. Ihm wird die einzige Planskizze des Gräberfeldes verdankt.
1902/03 setzten Ferdinand Birkner und Franz Weber seine Arbeit fort. Weitere Gräber öffneten die Manchinger Lehrer D. und F. Strehle. Weber gab dann 1907 einen zusammenfassenden Überblick über die Forschungen in Manching.
Eine besondere Rolle bei der Erforschung Manchings spielte Paul Reinecke, der Ende des 19. Jahrhunderts Assistent am Römisch-Germanischen Zentralmuseum in Mainz war und 1908 erster Vorgeschichtsreferent an dem aus der Akademischen Kommission hervorgegangenen Bayerischen Landesamt für Denkmalpflege wurde. Ihm wird eine noch heute gebräuchliche Gliederung der Bronze- und Eisenzeit verdankt. Er verwendete zur Charakterisierung seiner Mittellatènestufe C die Funde aus dem Gräberfeld »Steinbichel« und für seine Spätlatènestufe D diejenigen aus dem Manchinger Leisenhart-Fund. So fanden die frühen Manchinger Funde auch international Beachtung. Unterstützt wurde Reinecke vor allem durch die Mitglieder des Historischen Vereins Ingolstadt: Major a. D. Hermann Witz, Stadtbaurat Franz Schwäbl, Archivrat Hanns Kuhn und Major Unkelhaeuser. Wenngleich keine weiteren Grabungen stattfanden, so konnte der durch Sandausbeute und Stockrodungen gefährdete Ringwall doch mehr oder weniger gut erhalten werden.

»... ein Stück eines wertvollen Vorzeitdenkmales geopfert ...«

Als die Wehrmacht 1936 mit dem Bau des Flugplatzes im Ostteil des Oppidums begann, war man sich der Bedeutung der Stadtmauer bewusst, der Schaden, der im Innenraum des Oppidums angerichtet wurde, war jedoch kaum absehbar, wenngleich die Ausgrabungen in den Oppida von Frankreich und Böhmen zur Vorsicht hätten raten müssen. Der Leiter des Denkmalamtes, Prof. G. Lill, gab am 1. 10. 1935 dem Luftkreiskommando München die

Abb. 3 1937: Die restlose Entfernung des Walls bei der Anlage des Wehrmachtflugplatzes erforderte einen ähnlich großen Aufwand wie dessen Errichtung, nur dass man sich moderner Methoden bedienen konnte. Unten links Steinpackung und Front der Stadtmauer im Profil.

Genehmigung zur Beseitigung größerer Wallteile (Abb. 3): »Gleichwohl wird man allgemein verstehen, dass hier unter dem Zwange dringender und unerlässlicher Forderungen der Gegenwart und des Gemeinwohles ein Stück eines wertvollen Vorzeitdenkmales geopfert werden muss.« Er sah allerdings auch die Möglichkeit »wertvoller archäologischer Beobachtungen« und bat, rechtzeitig über anstehende Erdbewegungen unterrichtet zu werden, um »entsprechende Augenscheinnahmen oder notwendige Ausgrabungen durch uns zu ermöglichen«. Doch fehlten hierfür die Mittel und das Personal. Später sollte Lill den Großteil der ihm zur Verfügung stehenden Mittel zur Erforschung von *Cambodunum* (Kempten) einsetzen; Manching stand nicht im Mittelpunkt des Interesses. Eine Anregung, wohl von Paul Reinecke, den Reichsarbeitsdienst zu den Arbeiten hinzuzuziehen, kommt im August 1936 zu spät. Die Bauleitung scheint gleichwohl sehr kooperativ gewesen zu sein. Die Rolle, die das Landesdenkmalamt und der seit 1937 pensionierte Paul Reinecke in dieser Zeit gespielt haben, lässt sich eher indirekt erschließen, etwa aus den Berichten des vom Denkmalamt für Beobachtungen nach Manching entsandten

Abb. 4 Beim Bau des Flugplatzes entdeckt: Von dem in einem spätkeltischen Tongefäß verwahrten Münzschatz sind noch 125 Silbermünzen (Quinare) erhalten.

und von Lill immer wieder zur Rückkehr nach München gedrängten Oberwerkmeisters Huber oder des Ingolstädter Archivrats Kuhn, der mit Reinecke in engem Kontakt stand. Er schrieb am 9. 1. 1938 an Reinecke: »Im Ganzen genommen hat die Untersuchung eines so einmaligen Objekts bei einer so einmaligen Gelegenheit nicht jede Unterstützung der Denkmalsbehörde gefunden, die man billig hätte erwarten dürfen.« In mehreren Notgrabungsaktionen, deren Finanzierung zum Großteil die Römisch-Germanische Kommission des Deutschen Archäologischen Instituts übernahm, konnte wenigstens die Mauerkonstruktion dokumentiert werden, so durch Hans Beck (September 1937), H. Huber (Oktober bis November 1937), Friedrich Holste (November 1937), Karl-Heinz Wagner (Dezember 1937 und März bis April 1938). Bei allen Erdbewegungen, auch im Innenraum des Oppidums, waren Mitglieder des Historischen Vereins Ingolstadt tätig, denen das große Verdienst zukommt, gerettet zu haben, was zu retten war. Hier ist vor allem Josef Reichart (Abb. 9), der Vorsitzende des Vereins, hervorzuheben, der das 1937 bei Planierungen im Zuge des Flugplatzbaus im Nordosten des Oppidums angeschnittene Gräberfeld am »Hundsrucken« publiziert hat. Es muss betont werden, dass die Arbeiten am Flugplatz in Tag- und Nachtschichten erfolgten und dass man letztlich auf Beobachtungen der Arbeiter angewiesen war. Dass ein dabei im September 1936 entdeckter Münzschatz (Abb. 4) nicht vollständig überliefert ist, braucht nicht zu verwundern.

In einem 1950 erschienenen Aufsatz mit dem Titel *Zur Geschichte und Topographie von Vallatum* fasste schließlich Paul Reinecke das gesamte damalige Wissen zu Manching zusammen und schuf damit eine wertvolle Grundlage für weitere Forschungen.

Das Manching-Projekt

1955 begann die eigentliche Erforschung des Oppidums, doch diktierten auch nach dem Krieg, in dessen Verlauf der Flug-

Abb. 5 Auf dem Luftbildmosaik des Jahres 1955 zeichnet sich deutlich der Verlauf des Walles ab. Links im Bild ist zu erkennen, wie weit der moderne Ort Manching in das Oppidum hineingewachsen ist. In der Osthälfte wird das Ausmaß der Zerstörung durch die Anlage und Bombardierung des Flugplatzes im Zweiten Weltkrieg offenkundig. Am Westrand der neuen Startbahn sind die Grabungsschnitte des Jahres 1955 sichtbar.

hafen bombardiert worden war, Baumaßnahmen den Fortgang der Ausgrabungen. Als der zerstörte Flughafen durch die NATO und später die Deutsche Luftwaffe wieder in Betrieb genommen werden sollte, wurde der skandalöse Umgang mit einem der wichtigsten Bodendenkmäler Deutschlands fortgeschrieben. Nun aber setzte Werner Krämer (Abb. 10) als Leiter der Bayerischen Bodendenkmalpflege alles in Bewegung, um mit Ausgrabungen einer weiteren Zerstörung im Zuge einer Startbahnverlängerung zuvorzukommen (Abb. 5). Mit Mitteln u. a. des Verteidigungsministeriums begann er 1955 mit großflächigen Aufdeckungen (Abb. 6) in einem zentralen Teil der Siedlung, untersuchte ein durch den Flugplatzausbau gefährdetes Wallstück und erforschte durch Suchgräben (Abb. 7) die Besiedlungsdichte des Oppidums (Abb. 8). Schnell zeigte sich hierdurch und auch

Abb. 6 Arbeiten in den Schnitten 50 und 52 im Jahr 1955; im Hintergrund wird die Rollbahn angelegt.

anhand der großen Fundmengen, welche Bedeutung Manching in keltischer Zeit hatte. Als Krämer kurz darauf zum Direktor der Römisch-Germanischen Kommission gewählt wurde, brachte er das Projekt nach Frankfurt mit. Auch heute noch liegt die wissenschaftliche Leitung der Grabungen bis hin zur Publikation in den Händen der Kommission, selbstverständlich in enger und bewährter Zusammenarbeit mit dem Landesamt für Denkmalpflege und der Archäologischen Staatssammlung in München. Die Ergebnisse der Ausgrabungen werden monographisch in der Reihe *Die Ausgrabungen in Manching* vorgelegt; daneben gibt es zahlreiche Artikel, die vor allem in der Zeitschrift *Germania* publiziert werden (s. S. 150–156). Häufig wurden spätkeltische Fundgruppen erstmals in der Manching-Reihe umfassend behandelt, sodass diese wesentlich zur Grundlagenforschung der Keltischen Archäologie beigetragen hat.

Auf die von Krämer geleiteten Grabungen in der Zentralfläche, die von Franz Schubert (Abb. 11) später ergänzt wurden, folgten 1962–1963 die Ausgrabung des Osttores durch Rolf Gensen (Abb. 9), 1965–1973 die Untersuchung der Trasse der Südumgehung um Manching durch Schubert und von 1984–1987 Grabungen auf der Nordumgehung durch Ferdinand Maier (Abb. 12). Die Erschließung eines Baugebietes machte von 1996–1999 Ausgrabungen am Nordostrand des Ortes nötig, die Susanne Sievers (Abb. 12), unterstützt von Matthias Leicht (Abb. 13), leitete. Mithilfe von großflächigen Auf-

Abb. 7–8 Sondageschnitte von insgesamt 8 km Länge (Abb. 7) zeigten 1955, dass Manching nur im Zentrum dicht besiedelt war (Abb. 8).

deckungen, dem Einsatz von Baumaschinen, der Luftbildarchäologie oder von geophysikalischen Messungen versuchte man der Herausforderung Herr zu werden, riesige, dichtbesiedelte Flächen untersuchen zu müssen. Es schlossen sich seit 1999 im Zuge von Baumaßnahmen großflächige Aufdeckungen am Südrand des Oppidums an, die unter der örtlichen Leitung von Claus-Michael Hüssen stehen und aus Zeitmangel im Stil einer Notgrabung durchgeführt werden müssen. Als Folge der Entscheidung, Umgehungsstraßen mitten durch das Oppidum zu legen, ist auch in den kommenden Jahren mit umfangreichen Straßenbaumaßnahmen zu rechnen.

Die meisten dieser Großgrabungen wurden in einem ganz wesentlichen Umfang durch die Deutsche Forschungsgemeinschaft gefördert. In jüngerer Zeit beteiligten sich neben den drei Trägern des Projektes vor allem die Gemeinde Manching, der Landkreis Pfaffenhofen a. d. Ilm, der Bezirk Oberbayern und die Bayerische Landesstiftung an den Grabungskosten, außerdem die Bauherren EADS und E.ON. 1980 richtete die

Abb. 9–12 Die Ausgräber von Manching. Rolf Gensen (3. von links) und Josef Reichart (2. von rechts) auf der Osttorgrabung 1962 (Abb. 9); Werner Krämer (links) mit Wolfgang Treue von der Deutschen Forschungsgemeinschaft, die lange Jahre die Grabungen finanziert hat (Abb. 10); Luftbildarchäologie in Manching 1965, im Hubschrauber Franz Schubert (Abb. 11); Ferdinand Maier und Susanne Sievers 1984 auf der Grabung (Abb. 12).

Abb. 13 Matthias Leicht an der Totalstation. In den 90er-Jahren hielt der Computer Einzug auf der Grabung. Die Pläne werden jetzt digital erstellt.

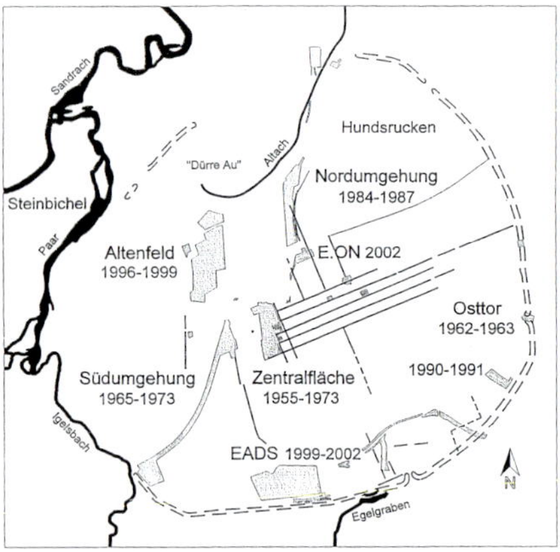

Abb. 14 Grabungsflächen seit 1955

Römisch-Germanische Kommission mit der großzügigen Unterstützung der Stadt Ingolstadt eine Forschungsstelle für Manching in Ingolstadt ein.

Abb. 15 Der Spargelanbau im Oppidum zerstört die letzten Spuren der Bebauung, so im Ostteil der Altenfeld-Fläche.

Dem Wunsch der Archäologen nach dem Schutz des in seinem Südteil bereits größtenteils zerstörten Bodendenkmals vor weiteren Eingriffen steht zwar eine Fülle wissenschaftlicher Erkenntnisse gegenüber, die aus den durch die Baumaßnahmen erforderlichen Grabungen resultieren (Abb. 14); diese sind aber nur bei einer planmäßigen Durchführung der Ausgrabungen zu gewinnen. Insgesamt sind mittlerweile fast 25 ha untersucht. Dies bedeutet, dass Manching das am besten erforschte Oppidum Mitteleuropas ist, es bedeutet aber auch, dass es das einzige Oppidum Europas ist, dessen heute noch andauernde Zerstörung im klaren Bewusstsein der internationalen Bedeutung dieses Platzes hingenommen wurde (Abb. 15).

Die Gunst der Lage

Die meisten der befestigten keltischen Siedlungen liegen auf hohen, leicht zu verteidigenden Bergplateaus. In der Regel verhindern der Waldbestand oder eine fortgeschrittene Erosion großflächige Aufdeckungen. Seiner auf den ersten Blick untypischen Lage in der Ebene verdankt Manching seine Bedeutung in keltischer Zeit, aber auch für die Archäologie. Nur die Hangkante des längst verlandeten Donaualtarmes »Dürre Au« (vgl. S. 8) vermittelt heute noch einen Eindruck von der Situation an der Mündung der aus der Umgebung des heutigen Augsburg kommenden Paar in die Donau, die heute, nach ihrer Begradigung, mehrere Kilometer entfernt fließt. Das tiefer liegende Gelände, das zungenförmig in das Siedlungsgebiet eingriff, war in keltischer Zeit an seinem Nordostende als Altwasser mit der Donau verbunden und bot somit ideale Voraussetzungen für einen Hafen. Manching war also in Ost-West-Richtung, aber auch nach Südwesten an wichtige Wasserstraßen angebunden. Hinzu kamen die Verkehrswege zu Lande im Donautal und weiter nach Norden in Richtung Altmühl (Abb. 16). Bahn und Autobahn nutzen diese Trassen noch heute. Die Flüsse und die das siedlungsgünstige Areal umgebenden Moore boten einen natürlichen Schutz. Wahrscheinlich hat es eine Vielzahl keltischer Siedlungen in Flussmündungsbereichen gegeben, die zum Großteil heute überbaut oder durch Veränderungen des Flusslaufs bzw. Hochwasserkatastrophen nicht mehr erhalten sind.

Manching liegt inmitten des Ingolstädter Beckens auf der würmeiszeitlichen Niederterrasse des Donautales und ist damit relativ sicher vor deren Hochwasser. Dagegen hat die Paar, auf deren Schwemmfächer Manching z. T. liegt, wohl mehrere Überschwemmungskatastrophen verursacht und dabei, wie bodenkundliche Untersuchungen erwiesen haben, einen Teil der keltischen Schichten weggewaschen. Umgeben war Manching von landwirtschaftlich nutzbarem Land, das vor allem nördlich der Donau ertragreiche Böden aufwies. Im Westen und Süden schlossen sich Eisenerz führende Moose (Donau- und Feilenmoos) an; Steine standen vor allem von der Alb am Nordrand des Beckens zur Verfügung, wo es auch Bohnerzvorkommen gab.

Dank naturwissenschaftlicher Analysen (z. B. der Pollenanalyse, der Geologie und

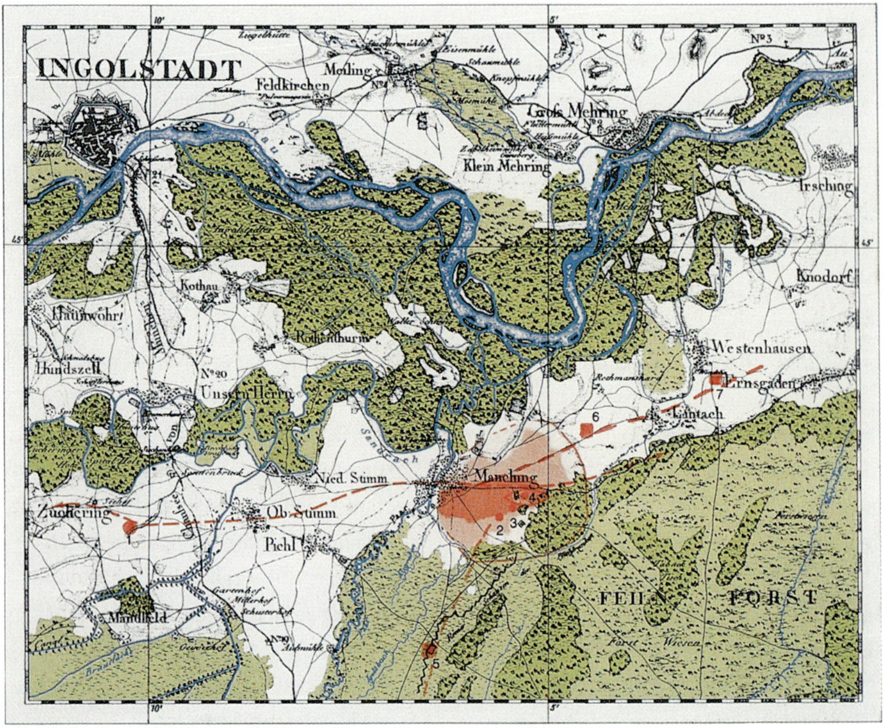

Abb. 16 Das Donautal bei Manching im Jahr 1815 mit Angabe der rekonstruierten Fernwege, an denen die drei Viereckschanzen lagen (5–7); 1–4 kultisch interpretierte Bauten von Manching und Zuchering.

der Bodenkunde), die sich der Rekonstruktion der prähistorischen Umwelt widmen, können wir uns ein Bild von der damaligen Landschaft machen (Abb. 17). Wir müssen uns Manching vor seiner keltischen Besiedlung als ein parkähnliches Gebiet vorstellen, von Niedermoorflächen und einzelnen Bachläufen durchzogen. Die Siedung wurde also nicht in einem unwegsamen Gelände angelegt, das ja ohnehin von einem Weg entlang der Donau durchschnitten wurde; es musste höchstens ein lichter Wald, der vor allem aus Kiefern bestand, gerodet werden. Bereits in einigen Kilometern Entfernung gab es größere Eichenbestände, die zum Hausbau und später zur Errichtung der Stadtmauer unentbehrlich waren.

Nicht erst in keltischer Zeit nutzte man die Gunst der Lage. Einzelne jungsteinzeitliche Silexgeräte sind wohl mit der Ost-West-Verbindung entlang der Donau in Verbindung zu bringen; im Umfeld des späteren Oppidums sind kupferzeitliche Gräber mit Glockenbechern entdeckt wor-

Abb. 17 Manching vor der Anlage der Keltensiedlung. Die gestrichelte Linie gibt den späteren Verlauf der Stadtmauer an der Lausgrub an, in der ein Pollenprofil genommen wurde.

den, und ab der frühen Bronzezeit kann man von einer intensiveren Nutzung der Manchinger Niederterrasse sprechen: Gräber aus allen bronzezeitlichen Perioden, u. a. ein regelrechter Friedhof der späten Bronzezeit, sind hier nachweisbar, und es gibt auch vereinzelte Hinweise auf Besiedlung. Bisher ist es aber nicht gelungen, aus den zahllosen Pfostengruben solche der Bronzezeit herauszulösen. Manching lässt sich hier in eine dicht besiedelte Zone südlich der Donau einordnen, deren bekanntester Fundort das benachbarte Zuchering ist.

Beginn der keltischen Besiedlung

Wie die erste keltische Besiedlung in Manching ausgesehen hat, wissen wir nicht. Vielleicht ist das entsprechende Areal noch nicht ausgegraben; möglicherweise gab es anfangs nur wenige verstreut liegende Gehöfte, die für uns schwer zu fassen sind. Einzelne hallstattzeitliche Funde des 8.–6. Jahrhunderts v. Chr. (Bronzegeschirrteile, Schwertfragment) stammen aus jüngeren Deponierungen. Es ist aber auch verstreut Keramik vorhanden, die auf Siedlungsreste schließen lässt, und vom Südrand des späteren Oppidums ist Eisenerzabbau bezeugt. Dort hat man Scherben gefunden, die dem 6. oder 5. Jahrhundert v. Chr. angehören. Vielleicht lässt sich ein aus dieser Zeit stammender rechtwinklig umbiegender Graben bei weiteren Grabungen einmal zu einem der in Südbayern geläufigen Herrenhöfe ergänzen. Von hier aus ist unter Umständen der Eisenerzabbau kontrolliert worden. Insgesamt ist der Fundanfall aber gering, was auch für das 5. und 4. Jahrhundert v. Chr. gilt. Bemerkenswert sind neben einem Halsring einige Fibeln des 4. Jahrhunderts v. Chr. vom Areal der Nordumgehung. Vermutlich hat also schon in

Abb. 18 Die Kelten unterwegs. Alle bewegliche Habe wurde mitgenommen, nur langsam kam man voran.

frühkeltischer Zeit an der Donau-Süd-Straße eine kleinere Niederlassung bestanden.

Die verkehrsgünstige Lage und der Eisenerzreichtum des Ingolstädter Beckens dürften entscheidend dazu beigetragen haben, dass sich hier immer mehr Menschen angesiedelt haben. Doch es kommt nun auch die politische Großwetterlage ins Spiel. Viele keltische Siedlungen und damit auch Friedhöfe wurden im 4. und 3. Jahrhundert v. Chr. aufgelassen; die seit dem 6. Jahrhundert v. Chr. weithin übliche Sitte der führenden Schicht, sich

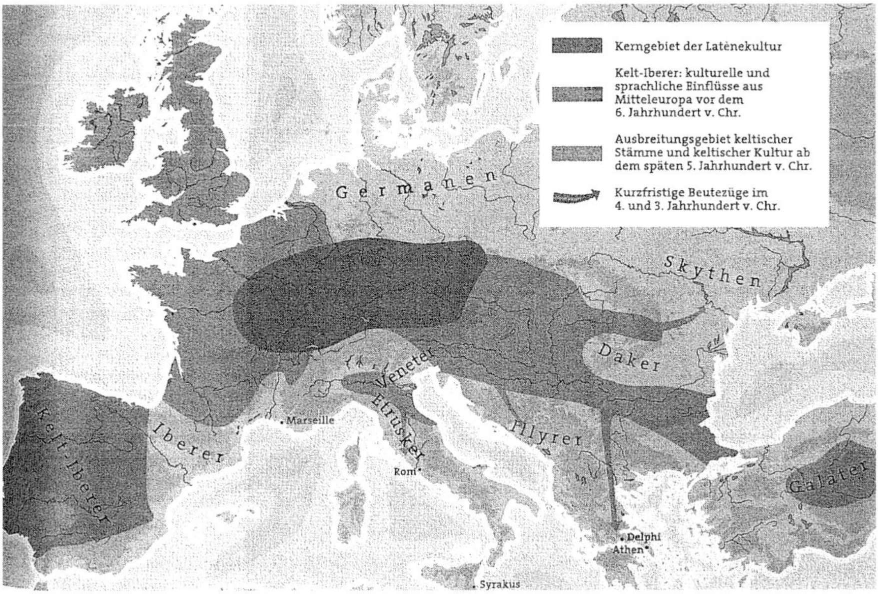

Abb. 19 Die Ausbreitung keltischer Stämme ab dem 5. Jahrhundert v. Chr.

prunkvoll unter Grabhügeln bestatten zu lassen, hat man aufgegeben, so genannte Flachgräber setzten sich allmählich durch. Dieser gravierende Wechsel lässt auf Umbrüche in der Sozialstruktur schließen. Das ganze alte Gefüge geriet offensichtlich in Bewegung. Man spricht von einer Keltenwanderung (Abb. 18), von deren verheerenden Folgen vor allem im Mittelmeerraum die antiken Schriftsteller berichten. Die Inbesitznahme Oberitaliens führte zu dessen Benennung als *Gallia cisalpina*; weitere Stationen waren Rom, Delphi und schließlich Kleinasien (Abb. 19). Viele Kelten ließen sich als Söldner im Mittelmeerraum anwerben. Erst im 2. Jahrhundert v. Chr. wendete sich das Blatt. Welche Auswirkungen hatte diese bewegte Zeit auf unseren Raum? Die vor allem anhand der Grabhügelfelder feststellbare Besiedlung der Höhen der Südlichen Frankenalb brach im 4. Jahrhundert v. Chr. an den meisten Stellen ab. Bevorzugt wurden später die Flusstäler besiedelt (Abb. 20). Das Donautal, das ja eine Ost-West-Verkehrsachse durch Europa darstellt, muss in diesen unruhigen Zeiten ein regelrechtes Durchgangsgebiet gewesen sein. Woher kamen die Manchinger Siedler? Waren es Kelten aus der Umgebung, die sich von einer Niederlassung an diesem Schnittpunkt mehrerer Fernwege Vorteile versprachen oder waren es westkeltische Stammesgruppen auf dem Weg nach Osten, von denen Einzelne bereits hier hängen geblieben

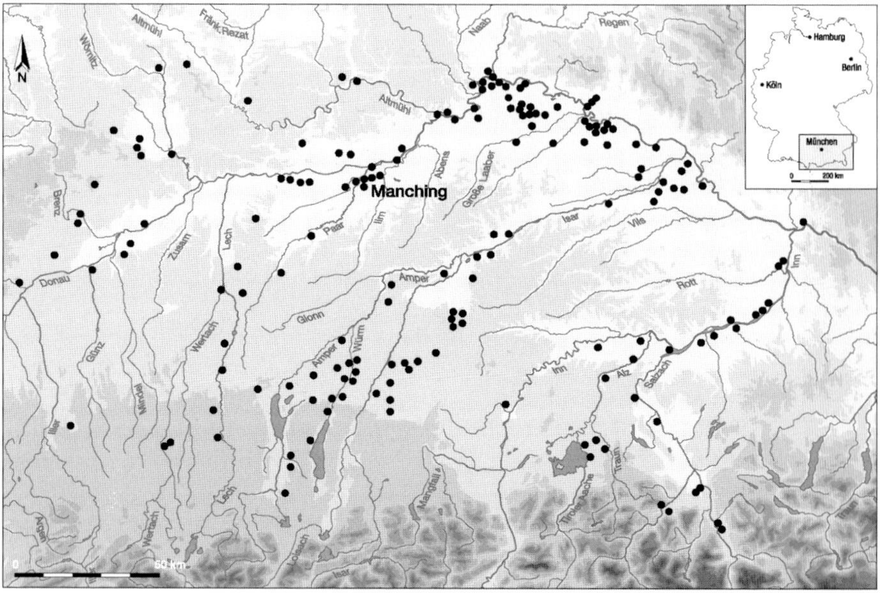

Abb. 20 Die Grabfunde des 4.–2. Jahrhunderts v. Chr. in Südbayern. Deutlich zeichnet sich das Ingolstädter Becken ab.

sind? Kamen die Siedler aus dem ostkeltischen Raum? Die Funde lassen Einflüsse aus dem Osten wie dem Westen, aber auch aus dem Süden erkennen, was uns an die ersten Heimkehrer denken lässt. Im Übrigen ist davon auszugehen, dass nie die gesamte Bevölkerung abzog und dass man die Kontakte zur Heimat aufrecht erhielt.

Leider geben schriftliche Nachrichten keinen Hinweis darauf, zu welchem keltischen Stammesgebiet diese Region zählte. Mehrfach wurde Manching, dessen antiker Name unbekannt ist, als Hauptort der im Voralpenland siedelnden Vindeliker in Vorschlag gebracht. Dieser Hauptort hätte dann aber nicht zentral, sondern am Rand des Einflussbereiches des Stammes gelegen, dessen Name in römischer Zeit mit *Augusta Vindelicum* (Augsburg) verbunden war.

Die Gräberfelder »Hundsrucken« und »Steinbichel«

Das deutlichste Anzeichen für dauerhaftere eisenzeitliche Siedlungsaktivitäten im Paarmündungsbereich ist die Anlage zweier Friedhöfe am Ende des 4. Jahrhunderts v. Chr., die mit dem Areal des späteren Oppidums in Verbindung zu bringen sind: der Hundsruckenfriedhof, im Nordosten innerhalb des späteren Mauerrings gelegen, und der Steinbichelfriedhof jenseits der Paar. Die jüngsten Bestattungen datieren in das 2. Jahrhundert v. Chr. Beide Gräberfelder sind

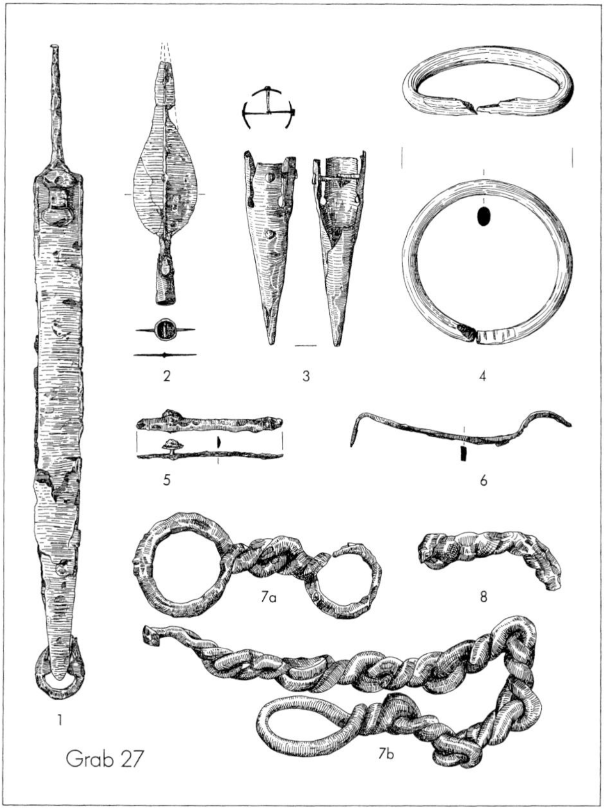

Abb. 21 Manching-Steinbichel, Grab 27

größtenteils unsystematisch aufgedeckt worden und können nicht als vollständig erforscht gelten. Nach wie vor stellen sie, »Hundsrucken« mit 22 Gräbern und »Steinbichel« mit 43 Gräbern, die größten latènezeitlichen Bestattungsplätze in Südbayern dar, was die Bedeutung der Manchinger Siedlung bereits in ihrer Frühzeit unterstreicht. Natürlich repräsentieren diese Gräber nicht die damals hier lebende Bevölkerung, sondern nur die Spitze der Gesellschaft, was schon an der hohen Zahl der Waffengräber (15 von 43 Bestattungen) im Steinbichelfriedhof klar wird. Den Friedhof am »Hundsrucken« hat man wohl wegen der raschen Ausdehnung der Siedlung früher aufgegeben als denjenigen vom »Steinbichel«. Die Gräber geben wichtige Hinweise zur Rekonstruktion der Tracht, aber auch zur Bewaffnung, wenngleich wir nicht sicher wissen, ob es sich dabei um die alltägliche Ausstattung oder um eine für die Grablege zusammengestellte Auswahl handelt. So waren als Krieger gekennzeichnete Männer regelhaft mit einem

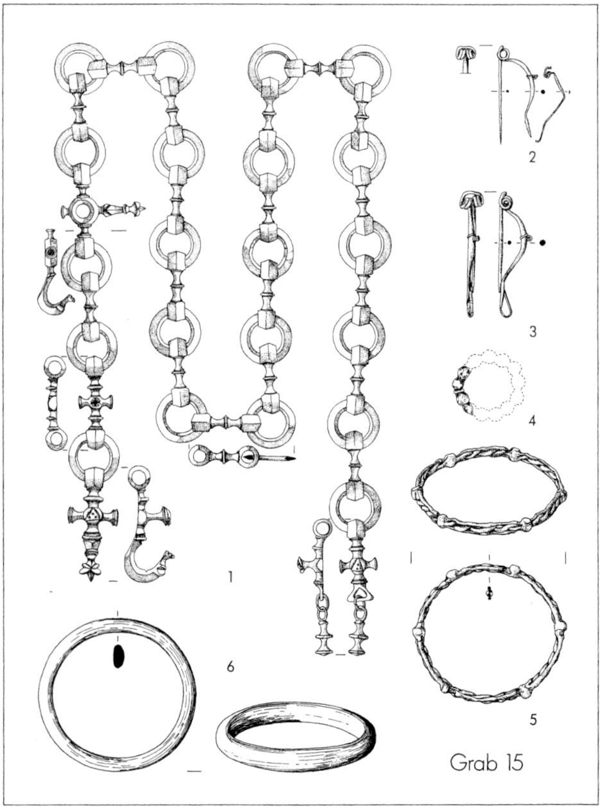

Abb. 22 Manching-Hundsrucken, Grab 15

Schwert und dessen Aufhängung, die zeitweilig aus kunstvoll geschmiedeten Eisenketten bestand, einer Lanze oder einem Speer und einem Schild ausgestattet, von dem meist nur der die Hand schützende Eisenbuckel mit der Schildfessel erhalten ist. Von Schmuck und Tracht blieben höchstens ein Armring und zwei Fibeln, die wohl einen Mantel oder Umhang zusammenhielten (Abb. 21).
Bei den Frauen fällt die Häufung reicher Ausstattungen auf, die an massiven, plastisch verzierten Fußringen oder aufwändigen, aus Kettenarrangements bestehenden Gürteln mit emailbesetzten Pferdekopfhaken und Hals- und Armschmuck aus Glas abzulesen ist. Armschmuck aus Bronze oder dem schwarzen Sapropelit, einer fossilen Faulschlammkohle, und mehrere Gewandspangen für Unter- und Oberkleid kommen auch hier hinzu (Abb. 22). Nur wenige Personen trugen einen bronzenen Halsring, den keltischen Torques. Selten wurden mehr als ein oder zwei Gefäße ins Grab mitgegeben. Handelt es sich bei den Gräbern

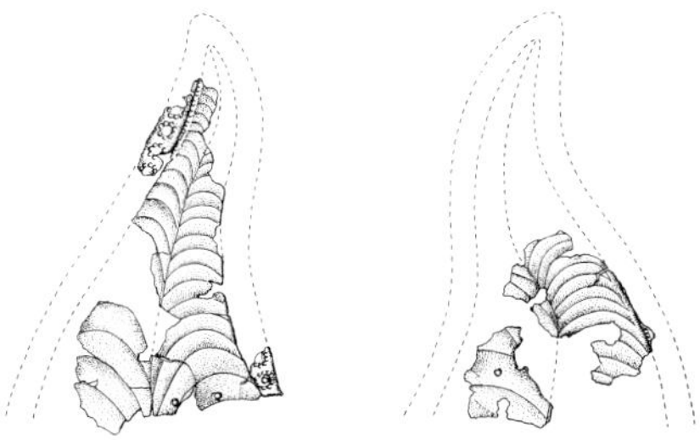

Abb. 23 Die einzigartigen verzierten Bronzebleche aus dem Brandgrab von 1957 müssen einer Persönlichkeit von besonderem Rang gehört haben.

aus den beiden Friedhöfen meist um mehr oder weniger genau Nord-Süd ausgerichtete Körperbestattungen, so gibt es aus dem Siedlungszentrum auch ein einzelnes Brandgrab, das von der Anlage und Orientierung her an ein Körpergrab erinnert und durch einen blattförmigen Bronzeblechzierrat auffällt (Abb. 23).
Die Tatsache, dass man verschiedene Bestattungsplätze nutzte, lässt unter Umständen auf mehrere Siedlungskerne schließen, die erst später zu einer größeren Siedlung zusammengewachsen sind. Vielleicht spiegeln sich hier aber auch verschiedene Sippen oder Stammesteile.

Hinweise auf ein frühes Siedlungszentrum

Deponierungen von Waffen und Gerät

Bei den Straßenbauarbeiten im Verlauf der Anlage des Militärflughafens entdeckte man zahlreiche Fundstücke, meist Einzelfunde, die man nicht mehr größeren Komplexen zuordnen kann. Es ist das Verdienst von J. Reichart, dieses Material so gut es ging dokumentiert und publiziert zu haben. Zu den vergleichsweise exakt lokalisierten Komplexen sind drei Deponierungen von Waffen und Gerät unterschiedlicher Zusammensetzung zu zählen. Diese Funde lagen nicht allzu weit voneinander entfernt (Abb. 24).
Reste von Pferdegeschirr, Kesselteile (Ringe und Attaschen), vor allem aber zahlreiche Waffen, meist zerbrochene Stücke, etwa Klingenspitzen von Schwertern, Lanzen, aber auch verzierte Bronzebleche charakterisieren das größte dieser Depots (Abb. 25). In Einzelfällen können Funde genauer datiert werden. Die frühesten scheinen ans Ende des 4., andere ins 2. Jahrhundert v. Chr. zu gehören. Offensichtlich sind hier Gegenstände, die über längere Zeit angesammelt wurden, deponiert worden. Bei der Frage nach dem Zustandekommen dieser Deponierungen müssen weitere Beobachtungen aus dem Umfeld herangezogen werden.

Ein öffentlicher Platz?

Die drei Deponierungen befanden sich am Rand einer etwa 50 x 80 m großen Steinpflasterung. Unter dem Pflaster entdeckten die Arbeiter lediglich eine Lanzenspitze. Dies lässt auf ein dauerhaft unbebautes Areal schließen. Die Lage, etwa am Schnittpunkt der später zum Ost- und Südtor führenden Wege, könnte auf einen öffentlichen Platz hinweisen.

Das älteste Tempelchen?

Eine weitere Besonderheit aus der allernächsten Umgebung des Steinpflasters

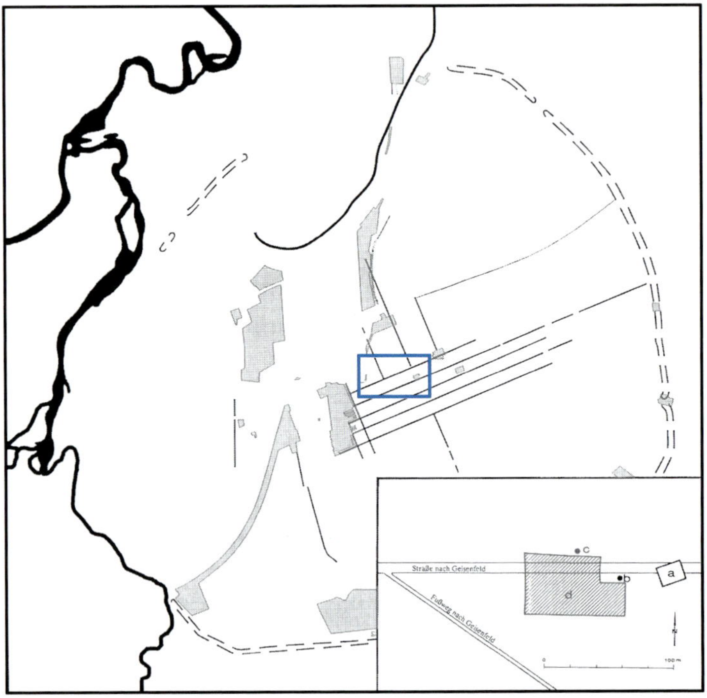

Abb. 24 Im Zentrum der frühen Siedlung. a Tempel; b–c Deponierungen von Waffen und Gerät; d Steinpflaster

rundet das Bild ab und erschließt Deutungsmöglichkeiten. Als W. Krämer 1955 eine Reihe von Suchschnitten anlegte, stieß er in einem von ihnen (Baggerschnitt 8) auf ein Gräbchen. Bei der Erweiterung des Schnittes schloss sich das Gräbchen zu einem Geviert, von dem drei Phasen zu erkennen waren (Abb. 26). Im Zentrum zeigten sich zahlreiche Pfostengruben. Sie konnten zwei Polygonal- oder Rundbauten und einem Quadratbau zugeordnet werden, die einander ablösten und durch jeweils ein Gräbchen, in dem zumindest in der ältesten Phase eine Palisade stand, nach außen hin abgegrenzt waren. Der Eingang ist im Osten zu vermuten. Das einzigartige Ensemble mit einer Fläche von 35 m^2 wurde als Kultbau, also als Tempelchen erkannt. Wir wissen nicht, ob in seinem Inneren ein Kultbild stand, auch von einer Opfergrube ist keine Spur erhalten.

In einer flachen Mulde am Nordrand des Areals lagen u. a. verzierte bronzene Beschlagbleche, die denen aus den oben

Abb. 25 Schwert, Kesselgriffe und Pferdegeschirr sowie andere Gerätschaften aus den zentralen Deponierungen stehen stellvertretend für die große Fundhäufung im Umfeld des ältesten Heiligtums.

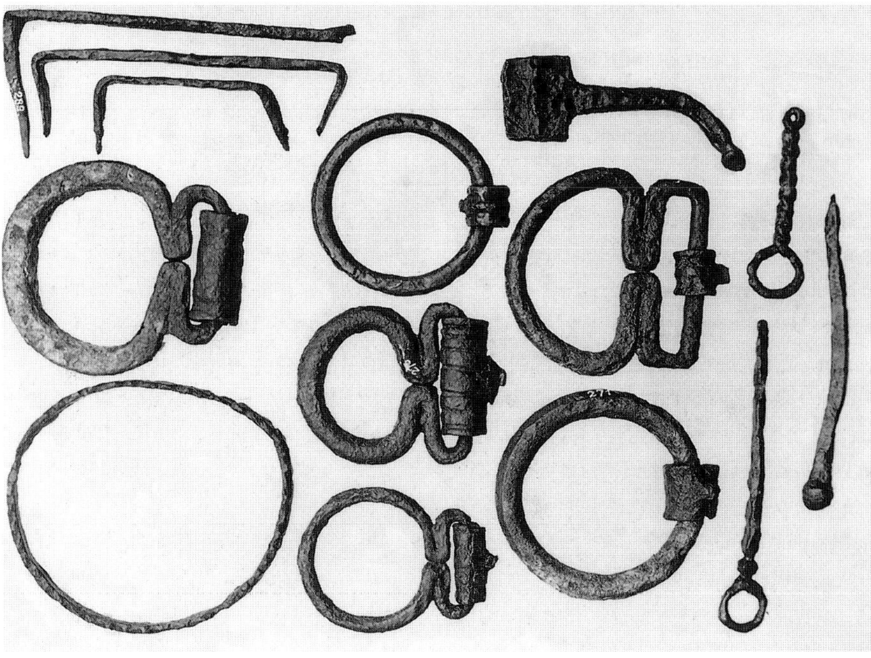

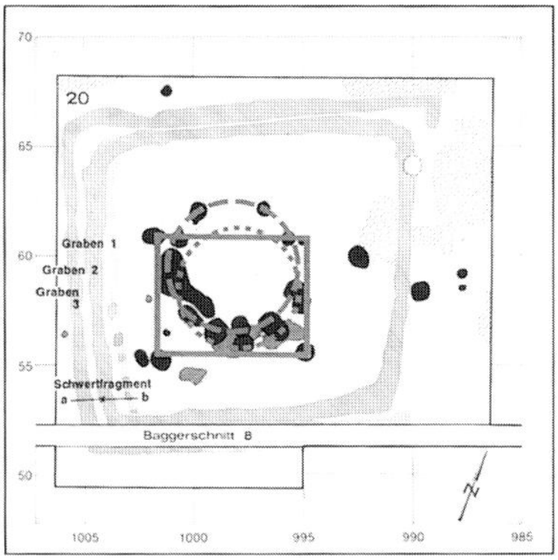

Abb. 26 Das zentrale Tempelchen in Schnitt 20. Zwei Rundbauten folgten auf einen Rechteckbau.

erwähnten Deponierungen ähneln, sodass man davon ausgehen kann, dass hier ein Zusammenhang bestand. Ein Teil eines hallstattzeitlichen Schwertes aus dem 7. Jahrhundert v. Chr., das in dem tiefsten der drei Gräbchen gefunden wurde (Graben 2), könnte eine längere Tradition symbolisieren, die entweder an diesen Ort gebunden war oder die man bewusst schaffen wollte. Auffällig ist eine größere Zahl an Menschenknochen, die Kleinkindern oder Säuglingen angehört haben. Ein Zusammenhang mit dem Toten- oder Ahnenkult ist also nicht ganz auszuschließen. Das älteste, rechteckige Tempelchen könnte bereits am Ende des 4. Jahrhunderts v. Chr. angelegt worden sein, die jüngsten Funde aus den anderen Gebäuderesten datieren in das 2. und 1. Jahrhundert v. Chr.

Wurde auf einen Zusammenhang zwischen den Funden aus dem Tempelbereich und den Deponierungen schon hingewiesen, so erscheint es nun auch wahrscheinlich, dass der sich hier westlich anschließende Platz Teil des Ensembles ist. Doch sind natürlich viele Fragen offen, da einzig die Dokumentation des Tempelareals unseren heutigen Ansprüchen genügt. Es ist dennoch nicht auszuschließen, dass die vergrabenen Waffen- und Geräteteile einst im Tempelbereich aufbewahrt oder ausgestellt worden sind, so wie es z. B. aus griechischen Heiligtümern von antiken Autoren beschrieben wird. Der Platz könnte als Versammlungsplatz genutzt worden sein, für Wahlen, Prozessionen oder andere heilige Handlungen; er könnte allerdings auch als Marktplatz gedient haben.

Da wir an keiner anderen Stelle im Oppidum eine solche Häufung frühester Funde kennen, liegt es nahe, hier das älteste Siedlungszentrum zu vermuten, das über eine lange Zeit hinweg Bestand hatte. Leider gibt es sonst nur wenige Funde aus der Anfangszeit der Siedlung, und es war auch noch nicht möglich, Hausgrundrisse dieses Zeitraums auszusondern. Es steht zu befürchten, dass die Geheimnisse des Beginns der Siedlung für immer ein Opfer des Flughafenbaus der 30er- und 50er-Jahre geworden sind, bei denen tiefgreifende Planierungen die Reste der Bebauung, vor allem auf den Kuppen des ursprünglich leicht welligen Geländes zerstört haben. Dies haben jüngste Grabungen durch M. Leicht in Zusammenhang mit der Anlage eines Umspannwerkes am Nordwestrand des Flugplatzes gezeigt.

Auf dem Weg zur Stadt im 3. und 2. Jahrhundert v. Chr.

»... in hohem Maße religiösen Bräuchen ergeben ...«

Was Cäsar um die Mitte des 1. Jahrhunderts bei den Galliern im heutigen Frankreich beobachtete, galt sicher auch für die Kelten von Manching, nämlich dass das religiöse Brauchtum eine sehr große Rolle spielte. Es ist wahrscheinlich kein Zufall, dass bereits die spärlichen Reste der frühesten Besiedlung dies erkennen lassen. Das älteste Tempelchen bestand, wie wir gesehen haben, auch im 3. und 2. Jahrhundert v. Chr. fort, vielleicht sogar noch länger, doch es blieb nicht bei einem einzigen Heiligtum.

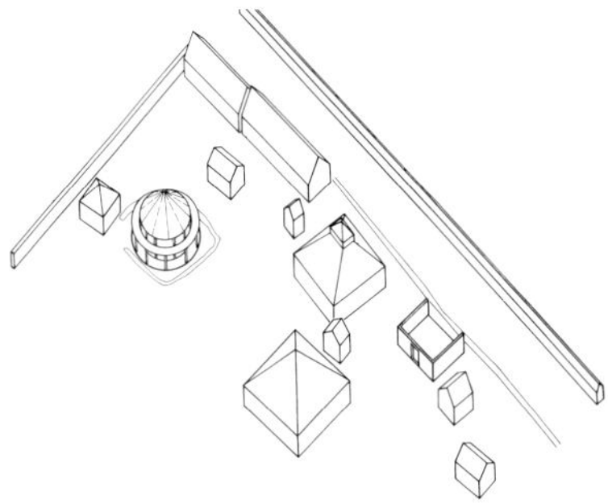

Abb. 27 Das von F. Schubert rekonstruierte Heiligtum auf der Südumgehung. Auch hier findet sich einer der in der keltischen Welt seltenen Rundbauten.

Suchen wir nach vergleichbaren Gebäuden bzw. der Kombination von Zentralbau und Gräbchengeviert, so bestätigt deren Seltenheit in Manching, dass es sich dabei um eine echte Sonderform handelt. Nur drei weitere Komplexe stehen zur Diskussion: Franz Schubert deutete ein größeres umgrenztes Areal in der Nordhälfte der Südumgehung ebenfalls als Heiligtum (Abb. 27). Unter anderem finden wir hier einen, wenngleich gestörten Rund- oder Polygonalbau (Außendm. 11,20 m), der mit einem zweiten (äußeren) Pfostenkranz und von einem Gräbchengeviert umgeben war. Zwar ist nur eine Phase mit Sicherheit rekonstruierbar, gleichwohl ist die Ähnlichkeit mit dem zentralen Tempelchen offensichtlich. Jüngere Gruben überschneiden den Befund. Benachbart stehen weitere außergewöhnliche Gebäude quadratischen und rechteckigen Grundrisses. Teils haben sie die Form mächtiger Speicher, teils vergleicht Schubert sie mit gallorömischen Tempeln.

Nur angeschnitten ist ein vergleichsweise großes Grabengeviert von 22 m Seitenlänge am Ostrand der Zentralfläche, das wie jenes im Zentrum mehrere Bauphasen erkennen lässt (Abb. 28). Durch Such-

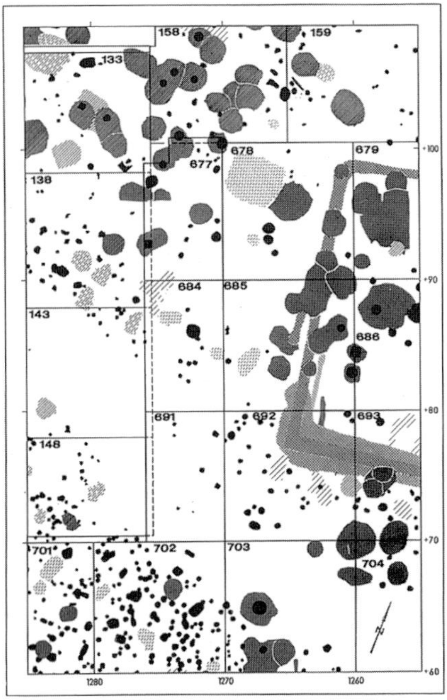

Abb. 28 Am rechten Bildrand: das große Grabengeviert der Zentralfläche

schnitte der 50er-Jahre ist zwar problemlos ein Quadrat zu ergänzen, doch wissen wir so gut wie nichts über die Innenbebauung. Einige Pfostengruben sind immerhin vorhanden; ein Grundriss zeichnet sich aber nicht ab. Auch hier überlagern jüngere Gruben die Gräben, sodass wir die Anlage etwa auf das 3. und 2. Jahrhundert v. Chr. eingrenzen können. Einzelne Funde der Zeit um 300 v. Chr. (z. B. ein Schwertortband aus einem der Gräbchen) zeigen, dass wir uns noch im Umfeld der ältesten Bebauung befinden. Das zentrale Tempelchen ist im Übrigen nur 250 m entfernt.

Besondere Funde konnten in dem von Schubert ergrabenen, eher abseits gelegenen Heiligtum nicht festgestellt werden. Noch schwieriger ist in dieser Hinsicht die Situation um das große Geviert, denn hier befinden wir uns in einer ausgesprochenen Dichtezone der Besiedlung, wo sich Funde und Befunde aus fast 300 Jahren häufen und überlagern.
Entsprechend gibt es auch hier keine eindeutigen Hinweise auf die Funktion der Anlage. Die Tatsache, dass die Funde über größere Strecken verstreut worden sind, macht die Sachlage nicht einfacher. So finden sich zueinander passende Scherben bis zu 80 m entfernt voneinander.
Auf die Streuung von Waffen im weiteren Umfeld wird noch zurückzukommen sein.
Ein drittes Areal ist von Interesse. Im Bereich der Grabung Altenfeld wurden zwei vergleichbare, aber relativ kleine Grundrisse aufgedeckt, die demselben Typus angehören: zwei Gräbchengevierte, geöffnet nach Süden und Osten, umschlossen jeweils einen rechteckigen Zentralbau (Abb. 29). Beide Bauten sind einphasig und werden wiederum von jüngeren überlagert. Zwar gibt es eine Reihe von besonderen Funden im Umfeld der nahe beieinander stehenden Bauten (vgl. S. 120), es ist aber noch nicht sicher, welchen der einzelnen Bauphasen sie zuzuordnen sind. Auch eine zeitliche Abfolge der beiden Grundrisse ist momentan nicht auszuschließen.
Es stellt sich nun die Frage, ob alle hier aufgezählten Grundrisse die gleiche Funktion hatten. Vorerst sollen sie als

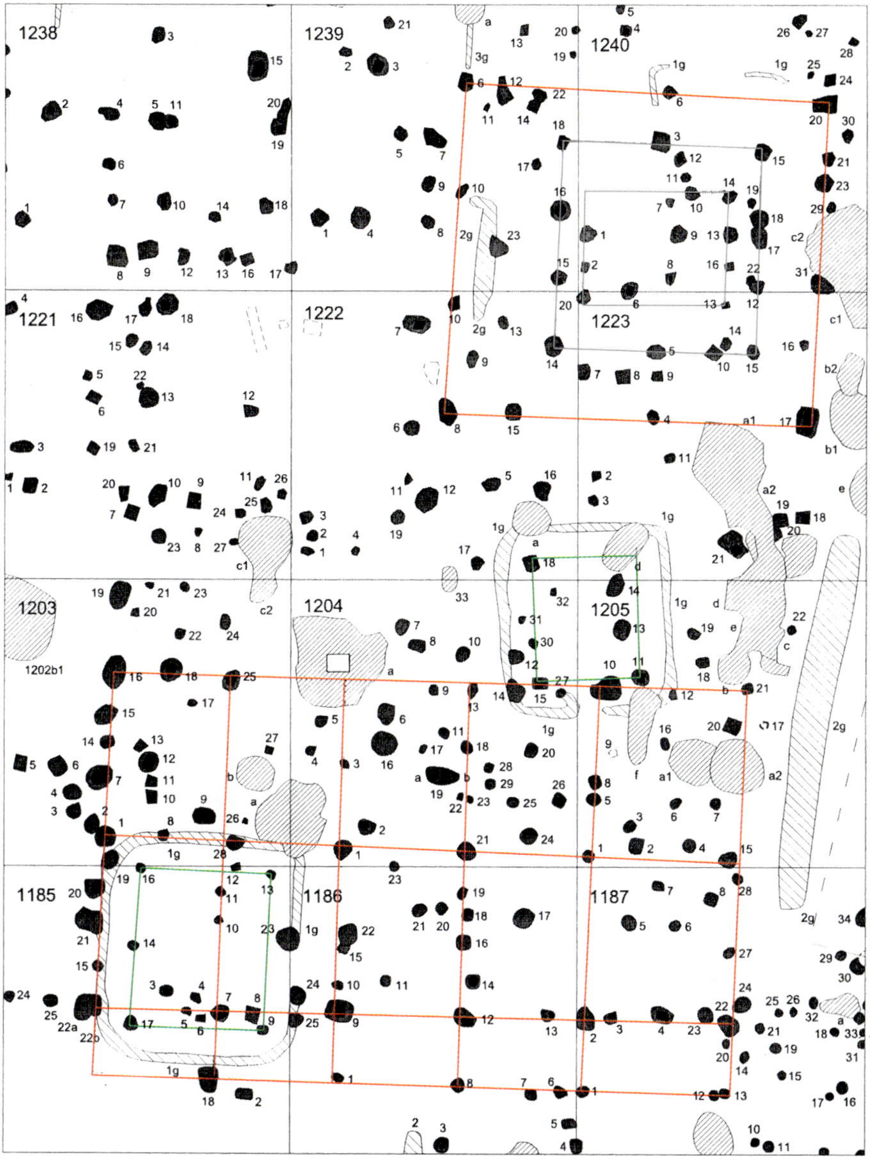

Abb. 29 Sonderbauten im Altenfeld. Grün: zwei nach Süden und Osten geöffnete Grabengevierte mit rechteckigem Zentralbau; rot: zwei außergewöhnlich große Gebäude, deren Funktion unklar ist.

Abb. 30 Blattgoldreste vom Futteral des Kultbäumchens

Sonderbauten bezeichnet werden und nicht, wie vielfach üblich als Umgangstempel, zumal bei den beiden Bauten vom Altenfeld zwischen Zentralbau und Gräbchen nur 1 m Abstand bestand. Auffällig ist, dass alle mit großer Wahrscheinlichkeit in das 3. oder 2. Jahrhundert v. Chr. zu datieren sind, wobei unter Berücksichtigung der übrigen Funde für das zentrale Tempelchen und den großen Grundriss das 3. Jahrhundert v. Chr. als Entstehungszeit gelten kann. Das Heiligtum der Südumgehung und die Sonderbauten aus dem Altenfeld dürften im 2. Jahrhundert v. Chr. entstanden sein. Hier spiegelt sich bereits die jüngere Ausbauphase.

Das Goldbäumchen

Auf der Trasse der Nordumgehung, jenseits der dichten Bebauung, also westlich des Hundsruckenfriedhofes, wurde 1984 in einer eher unscheinbaren Grube ein vergoldetes Kultbäumchen entdeckt, das hier in einem ebenfalls mit Blattgold veredelten und reich verzierten Holzkasten (Abb. 30) niedergelegt worden war. Das einzigartige Ensemble gewährt uns einen tieferen Einblick in keltische Kulthandlungen als die erwähnten Sonderbauten. Aus stilistischen Gründen kann von seiner Entstehung im fortgeschrittenen 3. Jahrhundert v. Chr. ausgegangen werden. Wann es in den Boden kam, ist ungewiss. Wie neuere Restaurierungsar-

Abb. 31 Das vergoldete Kultbäumchen von Manching, links Rekonstruktion

Abb. 32 Typisch keltische Dreiwirbel zierten das Futteral des Kultbäumchens, rechts Rekonstruktion

beiten gezeigt haben, besteht es aus einem geschwungenen vergoldeten Holzstämmchen, das mit Kreisaugen verziert war (Abb. 31). Vergoldete Holzknospen erinnern an Eicheln, die vergoldeten Bronzeblätter an Efeu, sodass an einen von Efeu umrankten Eichenspross zu denken ist. Ist hierbei von einer letztlich hellenistischen Inspiration auszugehen, verweisen Details der Herstellungsart (angenietete Blätter) und die verwendeten Hilfsmittel (z. B. Wollfett zur Befestigung der Goldfolien auf den Metall- und Holzuntergründen), aber auch die typisch keltische Wirbelzier des Futterals (Abb. 32) auf eine Herstellung des Ensembles nördlich der Alpen, wobei eine Entstehung in Manching nicht auszuschließen ist. Auf ihren Wander- und Beutezügen sind die Kelten mit neuen Techniken, aber auch mit der mediterranen Geisteswelt in Berührung gekommen; mit Sicherheit haben sie den einen oder anderen Aspekt übernommen und in ihre eigene Tradition integriert.

Gerade in der Frühphase Manchings werden wir somit Zeugen der überaus großen Bedeutung, die die Religion, das Kultische, für die Manchinger Kelten hatte. Es ist also zu vermuten, dass neben der verkehrsgeographisch günstigen Lage auch dieser Aspekt für die Entwicklung der Siedlung ausschlaggebend war. Die Verehrung von Göttern oder Ahnen in Zusammenhang mit eigens errichteten Bauten, die wir Tempel nennen können und die inmitten einer Siedlung stehen, ist für den Raum nördlich der Alpen etwas Neues. Die obligatorischen Umfassungsgräbchen erinnern an so genannte Grabgärten, in deren Zentrum man in anderen Regionen Bestattungen einbrachte. Vielleicht ist dies die Klammer zum althergebrachten Ahnenkult, der ehemals an die Gräber gebunden war.

Wie passt das Bäumchen hierzu? Ist es

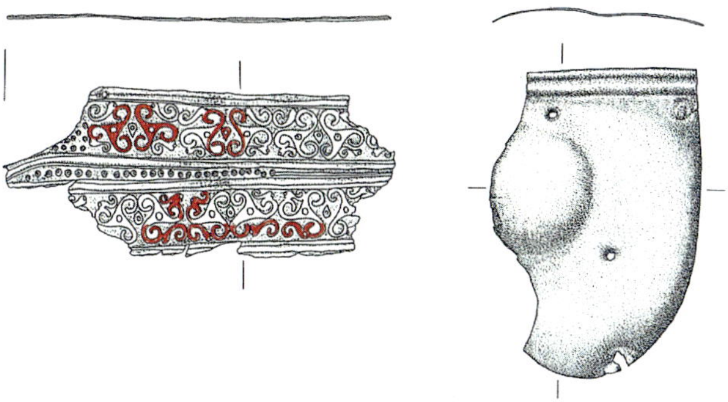

Abb. 33 Wangenklappe und verzierte Helmzier (?) südlicher Herkunft aus den zentralen Deponierungen

Sinnbild eines älteren Baumkultes? Gab es ein Nebeneinander mehrerer religiöser Strömungen? Oder ist es in Zusammenhang mit den frühen Heiligtümern zu sehen, zu deren Sakralgerät es womöglich gehörte? Vorstellbar ist auch, dass man es auf Prozessionen mit sich führte. Kultische Handlungen waren bei den Kelten, folgt man Plinius, oft an Heilige Haine gebunden, wobei die Eiche eine hervorragende Rolle spielte. Der umwundene Baum sollte, so F. Maier, die Gegenwart der Gottheit symbolisieren.
Allgemeiner verbreitet in der keltischen Welt scheint das Opfern und Weihen von Waffen gewesen zu sein. Cäsar berichtet aus Gallien, dass man Mars die Kriegsbeute geweiht habe. Vor allem im Norden Galliens gibt es hierfür eindrucksvolle Beispiele (Gournay-sur-Aronde, Ribemont). Wahrscheinlich sind die Waffen- und Gerätedeponierungen um das zentrale Manchinger Tempelchen in ähnlicher Weise zu interpretieren. Die Tatsache, dass einige der Funde aus diesen Niederlegungen dem Bereich südlich der Alpen entstammen (Abb. 33), spricht dafür, dass wir hier einen Zusammenhang mit der keltischen Expansion fassen. Womöglich ist damit sogar ein erster Rückstrom aus dem Süden zu belegen. Mit den Waffenopfern stellte sich die Kriegerschicht dar, deren Ideale seit der Zeit der Wanderungen tonangebend gewesen sein dürften.

Alle Wege führen nach Manching

Vom Hafen und von diversen Wegen (Abb. 34), auch von einem Platz war bereits die Rede. Wir können davon ausgehen, dass sich die frühesten Wege an natürlichen Gegebenheiten und am vorkeltischen Wegesystem auf der Niederterrasse orientierten. Die später durch die heute noch erhaltenen Tore im Osten und Süden verlaufenden Wege kreuzten sich, wie wir schon gesehen haben, dort, wo wir einen ersten Siedlungskern ver-

Abb. 34 Versuch einer Rekonstruktion des Manchinger Wegesystems (Hintergrund: Karte von 1815). A–G gesicherte und mögliche Wegstrecken; 1 Fundort des Quinarschatzes (Abb. 4); 2 Fundort des Leisenhart-Fundes (Abb. 126); 3 Steinpflaster (Abb. 115); 4 zentrales Tempelchen (Abb. 26)

muten. Allerdings führten diese Wege außerhalb der Siedlung in Feuchtgebiete, ins Feilenmoos. Hier wird man sich mit Bohlenwegen beholfen haben, über die sicher auch Abbaustellen für Eisenerz erschlossen wurden. Eine andere Strecke dürfte am Südrand der »Dürren Au« entlanggeführt haben, vorbei am Hundsruckenfriedhof, der damals außerhalb des Siedlungsareals lag. Die von Osten und Nordosten kommenden Wege werden an einer günstigen Stelle die Paar gequert haben. Aus dem heutigen Verlauf können wir die Stelle selbst nicht mehr erschließen, wir wissen auch nicht, ob es sich um eine Furt oder um eine Brücke gehandelt hat, wobei Letzteres wahrscheinlicher ist, kennen wir doch keltische Brücken z. B. aus der Schweiz. Aus den ergrabenen Zonen ist ersichtlich, dass auch einzelne verlandete Bachläufe das Wegenetz beein-

Abb. 35 Die Südumgehung von Manching. Ausschnitt der Grabungsfläche von 1965

flusst haben. Dies bedeutet, dass wir in der Anfangsphase der Siedlung nicht mit einem regelmäßigen Siedlungsplan rechnen dürfen, wohl aber mit einer Infrastruktur, die auf die natürlichen Gegebenheiten Rücksicht nahm.
Dazu gehörten sicherlich auch entwässernde Maßnahmen, also Drainagegräben, die in den Randgebieten reichlich dokumentiert sind. Bei einem Grabensystem (Abb. 48 oben), das im Bereich der Altenfeldfläche an die »Dürre Au« anbindet, könnte es sich sogar um eine wassertechnische Anlage in Form eines Überlaufsystems handeln, da die Sohlen der einzelnen Grabenteile nicht immer miteinander verbunden waren bzw. in unterschiedlicher Höhe lagen.
Schon lange wurde diskutiert, wie Manching an die Donau angeschlossen war. Immer wieder wurde ein Hafen im Bereich der »Dürren Au« vermutet. Bodenkundliche Untersuchungen seitens der Universität Regensburg haben ergeben, dass hier in der Tat ideale Bedingungen

bestanden haben, zumindest bis gegen Ende des 1. Jahrhunderts v. Chr., als das zur Donau hin am Ostende der Altwasserschleife geöffnete Becken von der Donau abgetrennt wurde. Wir können also davon ausgehen, dass die günstige Anbindung an die Donau in Form eines geschützten Hafens von Anfang an eine wichtige Rolle beim Ausbau der Siedlung zu einem internationalen Handelsplatz gespielt hat.

Ein Gewirr an Befunden

Von den Schwierigkeiten, einzelne Grundrisse in dem Gewirr an Befunden herausarbeiten zu können, war schon die Rede. Dabei ist zu bedenken, dass nur die in den meist hellen anstehenden Kies und Sand eingreifenden Strukturen von Pfosten- und Vorratsgruben, Brunnen und Gräbchen durch ihre dunkelhumose Verfüllung klar zu erkennen sind (Abb. 35). In der über dem alten Humus liegenden tiefschwarzen und fundreichen keltischen Kulturschicht, die durch Ablagerung von Abfällen, Umbauten und Planierungen entstanden ist, zeichnen sich solche Befunde so gut wie gar nicht ab (Abb. 36). Voraussetzung dafür, dass sich Grundzüge der Bebauungsstruktur erkennen lassen, ist eine großflächige Aufdeckung von Befunden (Abb. 37–38). Hilfsmittel beim Zusammenstellen von Hausgrundrissen sind die Beobachtung der Ausrichtung von Pfostenreihen, der Art der Verfüllung der Gruben, der Pfostentiefe und der Abstände zwischen den einzelnen Pfostengruben, in denen manchmal noch die rechteckigen oder quadratischen Umrisse der eigentlichen Pfosten sichtbar sind.

Abb. 36 Schnitt durch die keltische Kulturschicht und mehrere Brunnen (Westprofil; 1960)

Ein eiserner Stab mit Bronzeringen (Abb. 90) wurde von Franz Schubert als Maßstab interpretiert, er misst 15,45 cm, also einen halben keltischen Fuß. Dieses Maß bzw. das Vielfache davon spiegelt sich in vielen Grundrissen wider. Natürlich hat man nicht jedes Gebäude in geraden Fußeinheiten bemessen. Man baute so, dass der vorhandene Platz optimal ausgenutzt wurde, auch gab es Unterschiede in der Funktion einzelner Bauten. Ein Wohnhaus wurde sicherlich sorgfältiger geplant und bemessen als ein einfacher Verschlag oder ein kleiner Speicher.

Abb. 37 Im hellen Kies zeichnen sich die dunklen Verfärbungen von Pfosten, Vorratsgruben sowie Brunnen deutlich ab. Farbig wurden diejenigen Grundrisse markiert, die bereits während der Grabung erkennbar waren.

Abb. 38 Blick auf die Grabung von 1984. Ein Teil der Befunde ist bereits geschnitten.

Haus und Hof

Für uns ist es schwierig, die genaue Funktion einzelner Bauten zu erkennen, weil die Lehmfußböden, in die sich andernorts kennzeichnende Funde eingetreten haben, fehlen. So sprechen wir oft nur von Vier- oder Sechspfostenbauten, von Lang- oder Sonderbauten, wenn diese nicht in das allgemeine Muster passen. Es gilt aber schließlich zu bedenken, dass bei unserem »Tempelchen« erst das Umfassungsgräbchen einen schlichten Vierpfostenbau zu etwas Besonderem gemacht hat.

In manchen Fällen können wir freilich weitergehen. So werden Vierpfostenbauten, die auf einer oder zwei Seiten Pfosten für Aufgänge (Treppen) besitzen, als Speicher gedeutet, die vom Boden abgehoben errichtet wurden (Abb. 39). Dies schützte vor allem vor Feuchtigkeit. Aufgrund von Getreidefunden im Umfeld solcher Bauten können wir davon ausgehen, dass sie vor allem als Getreidespeicher genutzt worden sind. Man erkennt Speicher auch daran, dass ihre Pfosten besonders tief eingegraben waren, was auf eine entsprechende Höhe der Bauten schließen lässt. Solche Speicher gab es in unterschiedlicher Größe. Ein besonders mächtiges und ursprünglich sicher auch hohes Exemplar stand am Südwestrand des Hafens (Abb. 48 oben). Dass sich in Hafennähe Speicher häufen, braucht nicht verwundern, denken wir etwa an die so genannte Speicherstadt des Hamburger Hafens.

Ein anderer charakteristischer Bautyp ist das Langhaus (Abb. 40). Es konnte ein- oder zweischiffig angelegt werden. Langhäuser waren bis zu 7 m breit und bis zu 40 m lang. Nichts lässt auf eine Unterteilung in einen Wohn- und einen anders genutzten Raum schließen, sodass auch die Möglichkeit besteht, dass es sich um Ställe für Pferde oder Rinder gehandelt hat; vielleicht wurden sie aber auch als Stapel- oder Magazinräume genutzt, doch wäre hierfür die Langform eigentlich nicht zwingend. In kleineren Siedlungen kennen wir solche Langhäuser nicht. Sicher lassen sie, wie die großen Speicher, auf einen gewissen Reichtum schließen. Einen Hinweis gibt vielleicht der von Schubert mit mehreren Langbauten rekonstruierte Nordteil der Südumgehung, wo sich Wagenbestandteile und Pferdegeschirrfragmente häufen. Man wird auch

Abb. 39 Vorratsspeicher und Wohn-/Wirtschaftsbauten auf der Fläche der Nordumgehung

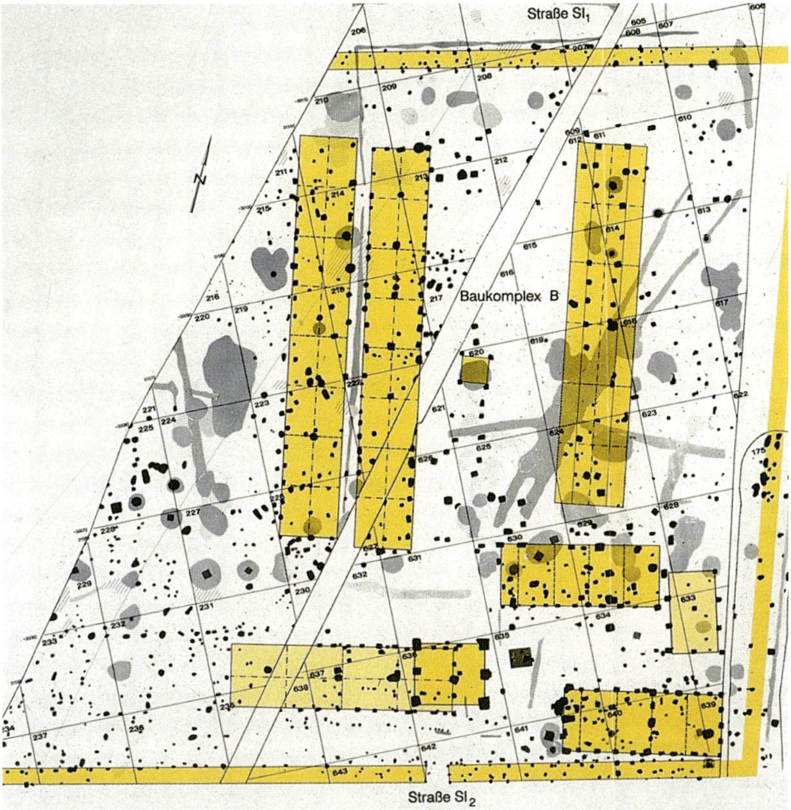

Abb. 40 Langbauten beherrschten das vollständig ausgegrabene Gehöft im Norden der Südumgehung (vgl. Abb. 35 und 46).

damals seine Wagen, zumal die mit Metallteilen beschlagenen, untergestellt haben. Hierzu benötigte man größere, schuppenartige Gebäude, die vielleicht auf einer Seite offen waren.
Eher quadratische oder rechteckige Bauten (Abb. 41) werden allgemein als Wohnhäuser gedeutet. Über Binnenpfostenstellungen ist manchmal eine Innengliederung erahnbar. Würden wir die Grundrisse bereits in der Kulturschicht erkennen und könnten wir die Herde häufiger einzelnen Bauten zuweisen, hätten wir wenigstens einen kleinen Anhaltspunkt für die Gestaltung des Innenraumes. Hier liegt die Aufgabe künftiger Grabungen. Wie hat man sich die Böden, Wände und Dächer vorzustellen? Vielleicht können wir mit Holzfußböden rechnen, da gestampfter Lehm Spuren hinterlassen haben müsste. Manche Grundrisse lassen erkennen, dass nur die tragenden Pfosten in die Erde eingegraben wurden, die übrigen wurden in ein horizontales Holzlager

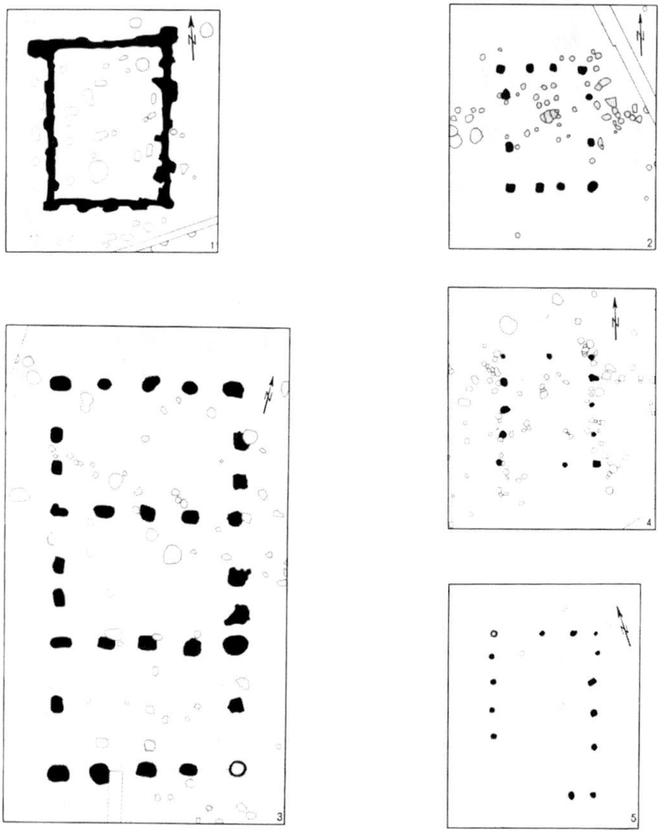
1
2
3
4
5

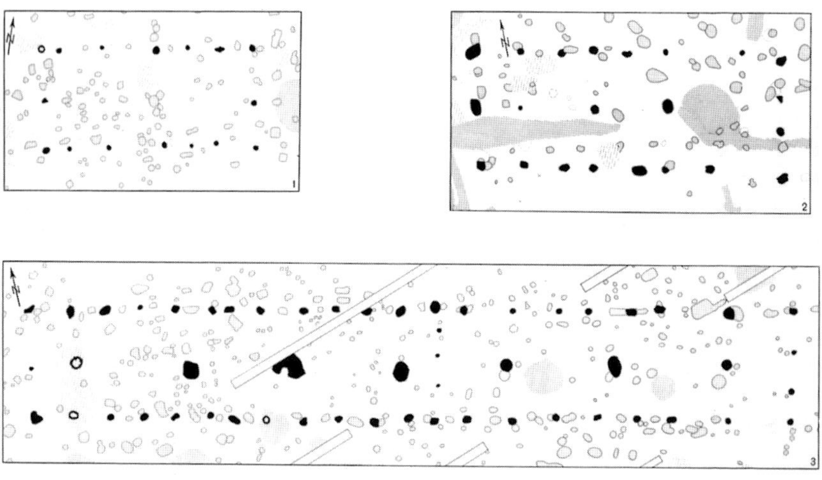
1
2
3

Abb. 42 Die meisten Manchinger Grubenhäuser dienten Metallhandwerkern als Schutz.

(so genannte Schwellbalken) eingezapft. Die Wände waren aus einzelnen Holzfächern gebildet, etwa wie bei unseren Fachwerkbauten (Abb. 46). Die Fächer waren mit senkrecht eingesetzten Staken und Ruten, die Zwischenräume mit Lehm gefüllt, bei repräsentativen Gebäuden mit dem haltbareren Kalkmörtel. Diese Konstruktion ist an Holzabdrücken im Hüttenlehm abzulesen. Hin und wieder sind Reste von Verputzschichten zu erkennen. Von den Türen sind nur Beschläge (Nägel, Klammern, Schlossbeschläge) erhalten geblieben, die immerhin darauf schließen lassen, dass man es für

Abb. 41 Grundrisse unterschiedlicher Form und Größe lassen eine Vielfalt an Funktionen erahnen.

notwenig hielt, seinen Besitz zu schützen. Ob es größere Fenster gab und wie diese verschlossen wurden, wissen wir nicht. Sicher erhellte das Herdfeuer das Innere des Hauses, füllte es aber auch mit Qualm. Das Dach könnte mit Holzschindeln, Ried oder mit Stroh gedeckt gewesen sein; hier fehlen uns bislang Anhaltspunkte.

Neben den ebenerdig angelegten Häusern gibt es auch solche mit abgesenktem Boden. Wir sprechen dann von Grubenhäusern (Abb. 42). Die wenigen Grubenhäuser Manchings lassen sich allesamt mit handwerklicher Tätigkeit in Verbindung bringen, in den meisten Fällen mit Metallverarbeitung. Es ist zweifelhaft, ob sie wirklich bewohnt waren, sie wurden vermutlich in den meisten Fällen als Arbeitshütten genutzt. Einige größere könnten allerdings auch eine andere

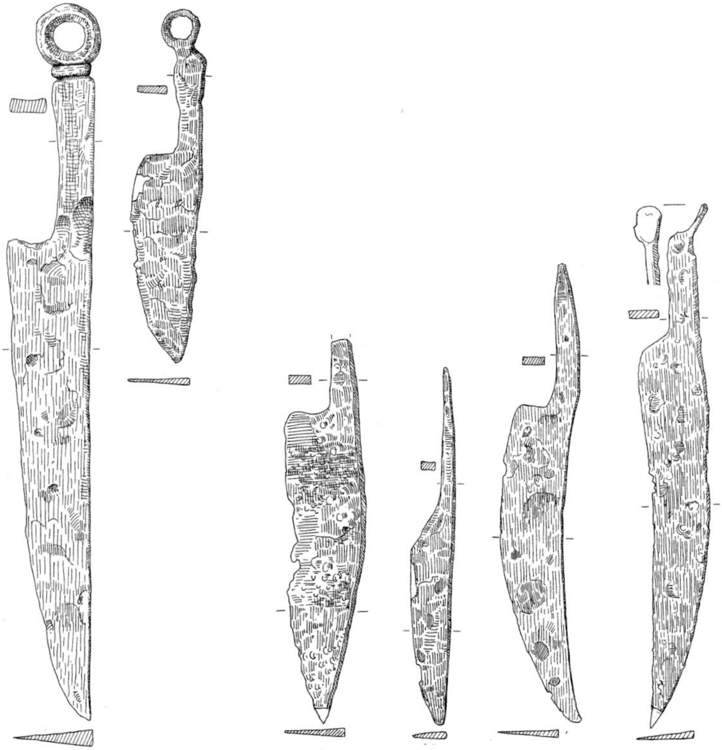

Abb. 43 Messer aus Eisen für jeden Zweck: zum Schneiden, Schälen, Schaben und Hacken

Funktion besessen haben. Die Manchinger Grubenhäuser weisen ganz unterschiedliche Konstruktionsformen auf: zwei Firstpfosten oder mehrere Pfosten an den Seitenwänden trugen das Dach; in einem Fall gibt es einen Hinweis auf eine Flechtwerkwand. Ab und zu waren noch die Eingangsbereiche und kleine Herdmulden erkennbar, die z. B. neben Holzkohle noch Reste der Metallbearbeitung enthielten.

Wie's drinnen aussieht ...

Was das Innere der Wohnhäuser angeht, so stehen uns noch weniger Daten zur Verfügung. Die zahlreich gefundenen Wandhaken und die Ringenden mancher Geräte, wie z. B. der so genannten Ringgriffmesser (Abb. 43), sind ein deutlicher Hinweis darauf, dass man viele Gerätschaften an der Wand aufgehängt hat. Die Keramik wird man wohl auf Regalen aufgestellt haben. Einiges an Platz wurde für die Zubereitung der Speisen und Getränke benötigt; etliche Arbeiten wird man bei gutem Wetter vor dem Haus verrichtet haben. Den Mittelpunkt des Hau-

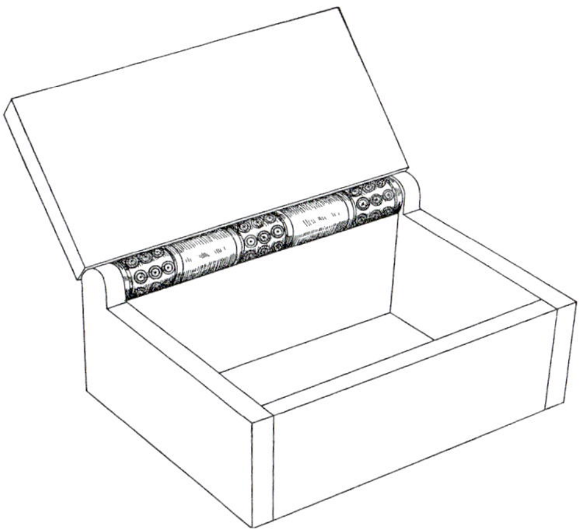

Abb. 44 Scharniere aus Hirschgeweih schmückten Kästchen aus Holz.

ses bildeten sicherlich der Herd und der Bereich, in dem man die Speisen zu sich nahm. Bis auf niedrige Tischchen wird es dafür keine Möbel gegeben haben. Kleidung hat man wohl in verschließbaren Truhen untergebracht, von denen hier und da Beschläge erhalten sind; Wertgegenstände verwahrte man in Kästchen, von denen lediglich reich verzierte Scharniere aus Geweih (Abb. 44) und einzelne Beschläge übrig geblieben sind.

Größere Vorräte wurden nicht innerhalb des Wohnhauses gelagert. So gibt es keine Hinweise auf unterkellerte Räume, wohl aber auf Erdkeller, die außerhalb der Häuser lagen und sicherlich ebenfalls verschließbar waren. Kleinere Vorratsgruben und ein Brunnen waren Bestandteil eines jeden größeren Wohnkomplexes. Waren die Holzeinbauten morsch, verfüllte man die Gruben mit Abfällen, vielleicht nutzte man sie auch als Toiletten. Jedenfalls scheint die allgemeine Entsorgung nicht gerade geruchsneutral oder hygienisch gewesen zu sein.

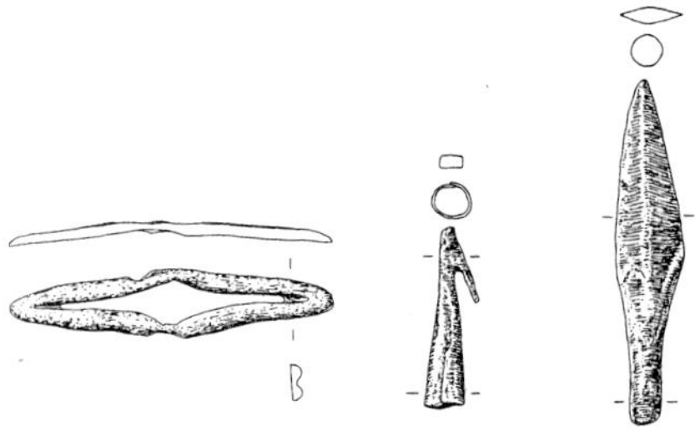

Abb. 45 Was von den Waffen übrig bleibt: Schwertheftbeschlag, Speer- und Pfeilspitze aus Eisen.

Sicherheit und Ordnung

Schlüssel und Schlossbleche gehören – relativ gesehen – zu den eher häufigen Funden in Manching. Zwar kannte man schon seit der Bronzezeit einfache Hakenschlüssel, aber die große Vielfalt an Schlüsseln und Schlössern in den keltischen Großsiedlungen ist neu und auf das enge Zusammenleben vieler Menschen und deren gestiegenes Sicherheitsbedürfnis zurückzuführen. Es gab also Werte, die man besser unter Verschluss hielt, und es gab offensichtlich auch Diebe.

Es sind mehrere Schlüssel- und Schlossarten zu unterscheiden, die auch Rückschlüsse darauf zulassen, was man unter Verschluss halten wollte.

Massive Türen und große Tore versah man gewöhnlich mit einem Schubriegelschloss, zu dem ein Hakenschlüssel gehört, mit dem man den auf der Innenseite der Tür angebrachten Riegel, in dessen Kerben oder Löcher das Schlüsselende eingriff, beiseite schieben konnte.

Hakenschlüssel mit mehrzinkigem Bart sowie s-förmig gebogene Schlüssel gehören zu Fallriegelschlössern, die man auch an der rechtwinkligen Form des Schlüssellochs im Schlossblech erkennt. Die im Schloss auf der Innenseite der Tür angebrachten Fallstifte werden mit den Schlüsselzinken hochgedrückt, der Riegel anschließend verschoben. Die Maße der Schlüssel lassen an eher kleinere Türen denken.

Federschlösser verlangen nach einem zweiteiligen Schlüssel, der gewöhnlich aus einem Ösenstift mit ein oder zwei vom Stift abstehenden Federn und aus einem gebogenen Ösenstift mit einem Rahmenende besteht. Ist der Federstift durch die miteinander zu verschließenden Teile eingesteckt und sind die Federn auf der Innenseite eingeschnappt, kann der Verschluss nur dadurch geöffnet werden, dass man durch ein zweites Schlüsselloch den anderen Stift einschiebt und mit dem Rahmen die Federn so zusammendrückt, dass der Federstift herausgezogen werden kann. Federschlösser, von denen es noch weitere Varianten gibt, sind besonders für Kästen und Truhen geeignet, sie konnten aber auch für Türen verwendet werden.

Einige ungewöhnliche Schlossbleche lassen nur den Schluss zu, dass man für ein Schloss zwei unterschiedliche Schlüssel verwendete, was man dann schon als eine Art Sicherheitsschloss bezeichnen könnte. Wie heute noch haben die keltischen Schlüssel ein Ringende, über das sie wiederum in einen größeren Ring, einen Schlüsselbund, einzuhängen sind, den man vermutlich am Gürtel getragen hat. In keiner anderen keltischen Siedlung hat man so viele Waffen gefunden wie in Manching. Dies ist vielleicht gleichfalls als Zeichen eines großen Sicherheitsbedürfnisses, sicher aber als Ausdruck männlicher Wehrhaftigkeit und eines gewissen Imponiergehabes zu werten. Aus antiken Quellen wissen wir, dass die Kelten nicht nur im Krieg ihre Waffen getragen haben. Manching vermittelt uns dasselbe Bild, wenn auch nur über Details (Abb. 45): ein Ortband (der untere Abschluss der Schwertscheide), das sich gelockert hat und verloren ging, Teile der Schwertaufhängung, die sich lösten, Lanzenschuhe, die auf den Schaft nur aufgesteckt waren und im Morast stecken geblieben sind, oder Speer- und Pfeilspitzen, die leicht übersehen wurden. Es handelt sich also um Verlustfunde. Größere Waffenreste verlangen nach einer anderen Erklärung, sie sind sicher nicht mit dem täglichen Tragen von Waffen in Verbindung zu bringen. Indirekt zu den Waffen bzw. zum Kriegsgerät sind auch Reitersporen zu zählen, die lediglich in Leder eingeknöpft waren und somit ebenfalls leicht verloren gingen. Auch wenn man nur auf die so genannten Verlustfunde zurückgreift, wird klar, dass sich in Manching eine sehr große Zahl an Bewaffneten aufgehalten hat, wobei dies nicht zwangsläufig Sicherheit und Ordnung bedeutet haben muss.

Siedlungsmuster – Mustersiedlung?

Erst die Bebauung des 2. Jahrhunderts v. Chr., die eine immense Vergrößerung des besiedelten Areals spiegelt, zeichnet sich in einer Klarheit ab, die es möglich macht, die Gliederung der Besiedlung zu erfassen. Auch wenn die Begrenzungen einzelner Siedlungseinheiten etwa durch Zäune nicht in jedem Fall erhalten sind, so sind doch Gebäudekonzentrationen und bestimmte Regelmäßigkeiten zu erkennen, die an eine Art Siedlungsmuster denken lassen. Entlang der Wege reihten sich bis zu 1 ha große, meist von einem Zaun umschlossene Gehöfteinheiten auf, die sich im Einzelfall stark voneinander unterscheiden konnten. So bestand die bereits erwähnte Einheit im Norden der Südumgehung vor allem aus Langbauten, daneben aus einigen Speichern und einem Wohnhaus (Abb. 46). Auf eine Häufung von Funden, die mit Pferd und Wagen zu tun haben, wurde bereits verwiesen. Eine andere Einheit auf der Trasse der Nordumgehung (Abb. 47) zeigte ein größeres und mehrere kleinere Wohn- und Wirtschaftsgebäude, daneben eine außergewöhnliche Fülle von Speichern und großen Vorratsgefäßen. Die Versor-

Abb. 46–47 Gehöfte nach Maß. Langbauten sind typisch für die nördliche Südumgehung (Abb. 46; Entwurf R. Gebhard); Speicher kennzeichnen die südliche Nordumgehung (Abb. 47; Entwurf H.-J. Köhler) (Seite 50)

Abb. 48 Die Altenfeldgrabung mit ihren Brunnen (schwarz) (Seite 51)

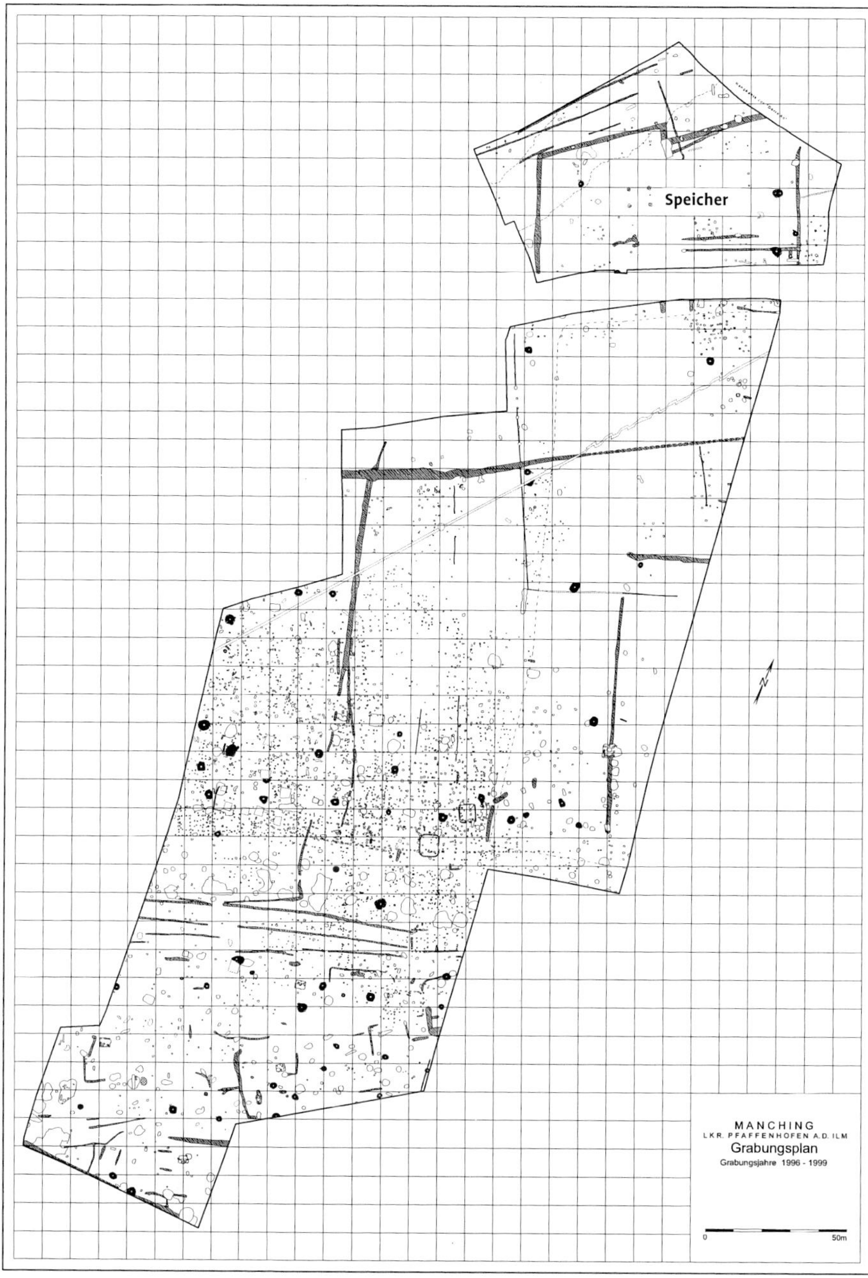
Speicher
MANCHING
LKR. PFAFFENHOFEN A.D. ILM
Grabungsplan
Grabungsjahre 1996 - 1999
0
50m

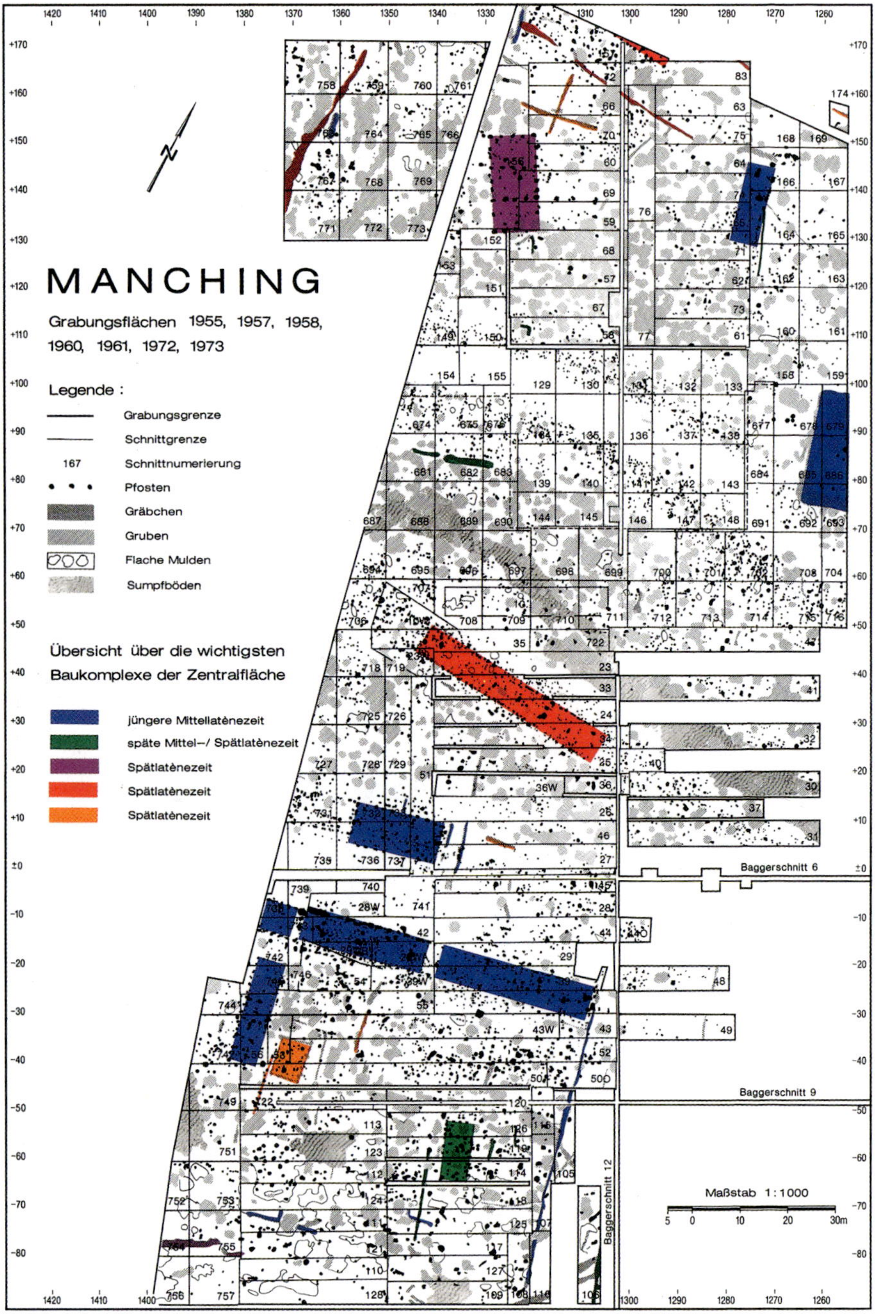
MANCHING
Grabungsflächen 1955, 1957, 1958, 1960, 1961, 1972, 1973
Legende :
Grabungsgrenze
Schnittgrenze
167 Schnittnumerierung
Pfosten
Gräbchen
Gruben
Flache Mulden
Sumpfböden
Übersicht über die wichtigsten Baukomplexe der Zentralfläche
jüngere Mittellatènezeit
späte Mittel-/ Spätlatènezeit
Spätlatènezeit
Spätlatènezeit
Spätlatènezeit
Baggerschnitt 6
Baggerschnitt 9
Baggerschnitt 12
Maßstab 1 : 1000
5 0 10 20 30m

gung des Zentrums, die Nähe des Hafens in Zusammenhang mit der Errichtung der Stadtmauer könnten hier eine Rolle gespielt haben. Andere Einheiten lassen wiederum neben den üblichen Nutz- so genannte Sonderbauten erkennen, auf die schon eingegangen wurde.
Unter anderem in Bereichen, die noch nicht analysiert sind, zeichnet sich eine mehr oder weniger deutliche Trennung in dicht bebaute Areale und solche ab, die von Gruben dominiert wurden. Hierbei handelt es sich nicht um eigens angelegte Abfallgruben, sondern um ehemals mit Holz ausgekleidete Vorratsgruben oder -keller, um Brunnen oder auch Gruben, denen man Kies oder Sand entnommen hat, oder die technischen Zwecken, etwa dem Kalkbrennen dienten. Im Einzelfall ist die ehemalige Bestimmung nur selten nachzuvollziehen, da man die Gruben, nachdem sie nicht mehr ihrem ursprünglichen Zweck dienten, mit Abfällen verfüllt hat.

Abb. 49 Baueinheiten unterschiedlicher Zeitstellung der Zentralfläche (Seite 52)
Abb. 50 In Kalkstein gesetzte Brunnenfassung (vorne) und herkömmlicher Brunnen, von dem noch die Verfärbung des zerdrückten hölzernen Brunnenkastens zu erkennen ist. (Seite 53)
Abb. 51 Mit dem Feldpantographen wird im Maßstab 1:20 ein Zwischenplanum aufgenommen. Tief in einem Brunnen, von dessen Holzeinbau noch die Verfärbungen zu sehen sind, hat man 1996 ein vollständig erhaltenes Gefäß und mehrere Tierknochen gefunden. (Seite 53)

Im Norden der Siedlung waren regelrechte Grubenfelder den Wohnbauten vorgelagert (Abb. 48). Im Südteil wurden die Wege direkt von Gebäuden begrenzt; die Gruben lagen meist dahinter (Abb. 49). Wie aufgereiht erscheinen die Brunnen (Abb. 48–51) manchmal oder bilden Konzentrationen in der direkten Nähe der Wohn- und Wirtschaftsbauten. Von der Straße her war nur ein Teil von ihnen zugänglich. Für Schmiede und Töpfer war das Vorhandensein einer Wasserquelle Voraussetzung dafür, dass sie ihr Gewerbe ausüben konnten, was besonders im Handwerkerviertel zu beobachten ist. Man berücksichtigte also in Manching bestimmte Regeln bei der Anlage von Siedlungseinheiten, die offensichtlich ihre Funktion lange Zeit beibehalten haben. In den Randbereichen der offenen Siedlung lagen die Felder und Weiden (Abb. 52); auch hier werden einzelne Gehöfte gestanden haben, was sich an den Befunden der Nord- und Südumgehung ablesen lässt.

Produktion – Handel – Konsum

Eine Siedlung von der Größenordnung Manchings war in ein kompliziertes Geflecht eingebunden. Die wachsende Zahl hier lebender Menschen musste mit Lebensmitteln versorgt werden, was besonders für diejenigen galt, die ein spezialisiertes Handwerk betrieben. Die Zufuhr von Grundstoffen musste gewährleistet, die Wege gesichert sein. Bei einer Überschussproduktion mussten Mechanismen des Handels greifen, d. h. man musste sich nach überregional geltenden Maßen und Gewichten richten. Schlaglichtartig liefern uns einzelne Funde Informationen hierzu. Über die verschiedenen Zusammenhänge können wir freilich nur Vermutungen anstellen. Sicherlich war Manching nicht nur ein Produktions-, sondern, womöglich sogar in erster Linie, auch ein Verteilerzentrum.

Felder in der Stadt?

Die Grundlage jeder größeren menschlichen Ansiedlung ist die Landwirtschaft. Entweder wird sie von den Bewohnern einer Siedlung selbst betrieben, oder, vor allem bei stadtartigen Siedlungen, von den im Umfeld der Siedlung lebenden Bauern. Manching entwickelte sich aus einer Siedlung, die sich anfangs noch selbst versorgen konnte, aber mit zunehmender Bevölkerungszahl, die während der Blütezeit der Siedlung sicher mehrere Tausend betragen hat, stieg die Abhängigkeit vom Umland.

Systematisches Schlämmen der Bodenproben, die während der letzten Grabungskampagnen jedem Befund, ja jeder Schicht entnommen wurden, ergab zahllose verkohlte Samen und andere botanische Makroreste. Hierdurch konnte ein Überblick über die angebauten Pflanzen gewonnen werden. Vorherrschend waren Gerste als Sommerkorn und Dinkel als Wintergetreide; Rispenhirse, Einkorn, Emmer, Hafer, Saatweizen und Roggen kamen als Beifrüchte hinzu. Als weitere Kulturpflanzen baute man Linse, Ackerbohne und Schlafmohn an. Haselnüsse und einige Kernobstarten ergänzten den Speisezettel.

Abb. 52 Drainagegräbchen begrenzten landwirtschaftlich genutzte Flächen (Nordumgehung).

Ausgrabungen im Bereich an den Rändern der dicht besiedelten Zonen haben rechteckige Umfriedungen in Form von Drainagegräbchen ergeben. Sie besitzen oft Seitenlängen von etwa 50, 80, aber auch von 160 m (Abb. 52). Im Verlauf der Erweiterung der Siedlung bei der Anlage von Gehöften wird man solche Grenzen in der Regel beibehalten haben. Untersuchungen auf dem Areal der Nordumgehung haben gezeigt, dass sich in diesen Zonen Getreideunkräuter häuften, die in den Gehöftbereichen fehlen, wo man wiederum Getreidekörner fand. Die Wahr-

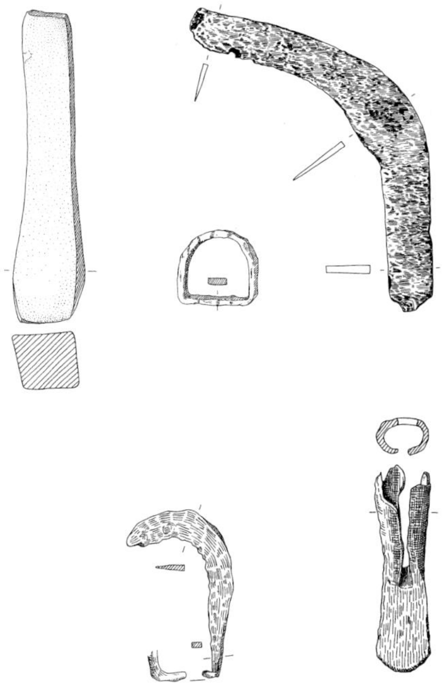

Abb. 53 Landwirtschaftliche Gerätschaften gingen nur selten in der Siedlung verloren.

scheinlichkeit ist also groß, dass wir es hier wirklich mit Feldern zu tun haben, die im Übrigen auch nach dem Bau der Stadtmauer weitergenutzt wurden. Pflugspuren unter dem Osttor sind schließlich der Beweis dafür, dass auch dort einst Felder gelegen haben.

Es gibt aber auch andere Hinweise auf die landwirtschaftliche Tätigkeit der Manchinger Bevölkerung. In fast allen Siedlungseinheiten finden sich – allerdings in unterschiedlicher Zahl – Reste landwirtschaftlicher Geräte (Abb. 53). Natürlich sind nur defekte Teile erhalten geblieben oder solche, die verloren gingen. Dies zeigt sich an einigen Sensenfragmenten und der Vielzahl der das Blatt mit dem Stiel verbindenden Sensenringe. Wetzsteine, die natürlich auch zum Schärfen anderer Geräte dienten, kommen hinzu. Zur Auflockerung des Bodens bediente man sich kleinerer Hacken, wohingegen die Pflugscharen normalerweise nicht in Verlust gerieten, dazu waren sie zu groß. Laubmesserchen benutzte man zum Abschälen des Laubs von den Zweigen, das man verfüttern konnte. Diese kleinen Geräte finden sich relativ häufig.

Moderne Haushaltsgeräte aus Stein

Die Weiterverarbeitung des Getreides zu Mehl geschah mittels Drehmühlen, damals sicher ein fortschrittliches Haushaltsgerät (Abb. 54–55). In einem einzigen Fall ist ein vollständiges Ensemble gefunden worden. Das Getreide wurde in das Zentralloch eingefüllt, wahrscheinlich mittels eines Scheffels; beim Drehen verteilten sich die Körner zentrifugal, wurden zerrieben und traten seitlich als Mehl hervor, allerdings vermischt mit dem Abrieb der Mühlsteine. Bruchstücke von Getreidemühlen streuen über die ganze Siedlungsfläche und sind auch in handwerklich genutzten Arealen häufig. Manchmal findet man zerbrochene Scheiben, meistens aber nur Fragmente, die vor allem aufgrund ihres Materials als Mühlsteinfragmente anzusprechen sind. Vorwiegend benutzte man Sandstein, Gneis, Amphibolit und Porphyr, Letzterer wurde womöglich in Thüringen gebrochen. Alle anderen Gesteinsarten ste-

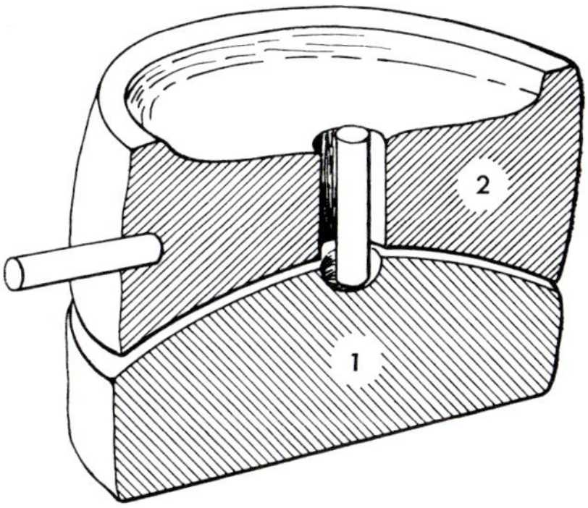

Abb. 56 In einem Brunnen deponierte Reste von Mühl- und Schleifsteinen

Abb. 54 Die einzige vollständig erhaltene Drehmühle von Manching
Abb. 55 Schnitt durch eine Drehmühle

hen im näheren Umfeld von Manching an, nur solche vulkanischen Ursprungs wurden von weither, vielleicht aus der Rhön oder der Eifel, eingeführt.
Einige Gruben, die mit dem Abfall von Steinhauern verfüllt worden sind (Abb. 56), enthielten zahlreiche Halbfabrikate und Abfallstücke von Drehmühlen, was deren Herstellung an Ort und Stelle, also in Manching, belegt. Wahrscheinlich besaßen die meisten größeren Gehöfteinheiten einen Handwerker, der sich auf die Herstellung und Reparatur der lebenswichtigen Gerätschaften verstand, die, wie uns Vergleiche zeigen, an den Steinbrüchen in rohe Scheibenformen gehauen wurden. Dieselben Personen waren sicher auch mit der Herstellung der Wetzsteine befasst, die man zum Schärfen der unterschiedlichsten Schneidewerkzeuge (Messer, Schwerter und Sensen) oder zum Glätten benötigte. Sie wurden in der Regel aus Sandstein hergestellt. Einige von ihnen, die ausschließlich im Handwerkerviertel in Zusammenhang mit der Eisenverarbeitung gefunden

Abb. 57 Prof. Boessneck (rechts) sortiert Tierknochen aus Manching (Grabung 1955).

worden sind, besitzen tief eingegrabene Schleifrillen, die noch Rostspuren aufweisen. Teils benutzte man auch größere Platten aus Sandstein zum Schleifen. Sie weisen Schleifrillen auf oder sind glattgeschliffen. Vor allem bei der Metallverarbeitung spielten sie eine sehr große Rolle.

Manching – ein großer Viehmarkt?

Die Tierknochen, die in riesigen Mengen während der verschiedenen Grabungen angefallen sind, sind zum größten Teil eingehend analysiert worden (Abb. 57). Es ließen sich Rückschlüsse auf die Essgewohnheiten der Manchinger Bevölkerung ziehen, aber auch auf die Tierzucht, auf die Größe der Tiere und auf das Schlachtalter. Allerdings können wir nur allgemeine Angaben machen, da bisher die Analyse einzelner Areale oder eine Unterteilung in einzelne Zeitabschnitte noch nicht zu interpretierbaren Ergebnissen geführt hat. Die Art der Ernährung scheint sich also im Verlauf des uns hier interessierenden Zeitraums nicht wesentlich verändert zu haben. Sehr wahrscheinlich hat sich aber die Oberschicht besser ernährt als die von ihr Abhängigen, doch ist dies durch die meist weiträumigen Planierungen und die damit einhergehende Verlagerung von Siedlungsabfällen kaum mehr nachvollziehbar. Vielleicht können wir in Manching auch mit einem überregional wichtigen Viehmarkt rechnen, da der Ort leicht zugänglich und zentral gelegen war. Die Alternative wäre gewesen, dass man bereits geschlachtete Tiere nach Manching gebracht hätte; dann hätten die Knochen,

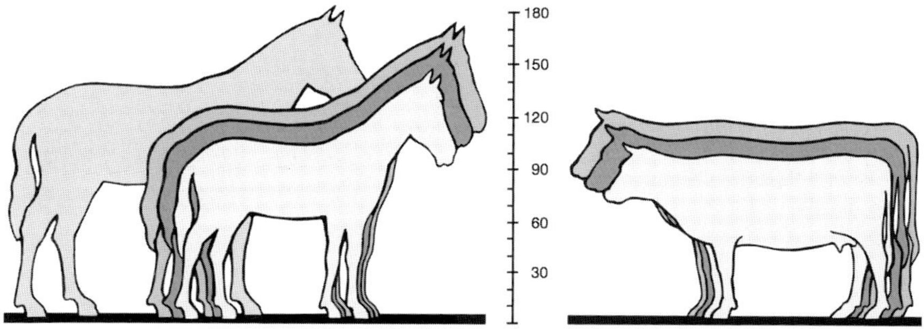

Abb. 58 Die Größe der keltischen Pferde und Rinder von Manching

Abb. 59 In seltenen Fällen werden vollständige oder Teilskelette von Tieren gefunden, wie 1984 auf der Nordumgehung (Reste eines Pferdes).

die die Menge des Fleisches tragen, in der Überzahl sein müssen, doch ist dies nicht der Fall. Am häufigsten sind die Knochen des Schweines, dann die des Rindes, gefolgt von Schaf und Ziege. Auch das Pferd und der Hund wurden verspeist, sie werden aber nicht zu den üblichen Nahrungsmitteln gehört haben, und sie wurden auch nicht aus den gleichen Gründen gezüchtet wie Rinder, Schweine und Ziegen. Das Huhn spielte noch eine recht bescheidene Rolle. Die keltischen Haustiere waren vergleichsweise klein (Abb. 58–59). Sie lieferten dadurch zwar weniger Fleisch, brauchten aber auch weniger Futter und waren leichter unterzubringen. Sie waren insgesamt robuster als heutige Züchtungen. Die für die Reiterei wichtigen Pferde und Rinder waren vielleicht in Ställen untergebracht – als die sich die Manchinger Langhäuser entpuppen könnten. Stallmist aus einem Brunnen in Fellbach-Schmiden (Baden-Württemberg) liefert den Beweis, dass wir in spätkeltischer Zeit mit Aufstallung rechnen müssen. Während die Schweine vor allem als Nahrung dienten, wurden die Rinder, wie uns Abnutzungen am Knochenbau zeigen, auch als Zugtiere eingesetzt. Bei den Ziegen dürfte wie bei den Kühen die Milch- und im Anschluss die Käseproduktion eine Rolle gespielt haben. Siebgefäße aus Ton werden jedenfalls in diesem Zusammenhang interpretiert. Da bei den Schafen die Knochen von Jungtieren nicht überwiegen, geht man davon aus, dass die Tiere vor allem zur Gewinnung von Wolle, wovon etliche Scheren zeugen, und nicht in erster Linie zum Verzehr gehalten wurden.

Abb. 60 Textilrest auf der Rückseite einer Schwertschlaufe aus Eisen

Wo arbeiteten die Weber und Gerber?

Textilreste, deren Farbenfreude in keltischer Zeit sprichwörtlich war, sind aus Manching nur in ganz bescheidenen Fragmenten erhalten geblieben. Waren Metallgegenstände in ein Tuch eingeschlagen – so bei einem kleinen Schmiedehort (Abb. 60) – sind unter Umständen Textilteile durch die Metallsalze konserviert worden. Die bisher in Manching geborgenen Stoffreste zeigen einfache Gewebe, die mit Sicherheit nicht repräsentativ sind. Sehr viel häufiger sind die Gerätschaften, die mit der Aufbereitung der Wolle und der Verarbeitung der Stoffe in Verbindung gebracht werden. Zum Spinnen der Fäden verwendete man gelochte Keramikscheibchen, in die man die Spindel steckte, an der man den Faden aufwickelte. Den in Manching nachgewiesenen Holunder (Attich) könnte man zum Färben verwendet haben. Vom Webvorgang sind uns nur ganz wenige Webgewichte erhalten geblieben, die die Fäden am Webstuhl strafften, eigentlich zu wenige, um von einer größeren Bedeutung der Weberei in Manching zu sprechen. Hat man die reichlich verfügbaren Geröllsteine verwendet, die dann allerdings in etwa das gleiche Gewicht gehabt haben

Abb. 61 Nähnadeln fehlten in keinem Haushalt.

müssten? Es kann aber auch sein, dass das Weben nicht in jedem Haushalt, sondern zentral in einem eigenen Bezirk stattfand. Vielleicht wurde das Tuch in erster Linie für den Handel produziert, und man musste es kaufen, wissen wir doch, dass z. B. die Römer keltische Mäntel sehr schätzten. Hier können nur weitere Funde Aufschluss geben.
Die Verarbeitung der Stoffe wiederum fand in sämtlichen Wohnbereichen statt. Hier galt es ja auch auszubessern und umzuarbeiten. Dazu benutzte man Nähnadeln (Abb. 61), die leicht zerbrachen oder verloren gingen und so in großer Zahl erhalten sind. Wir können aus der Stärke der Nadeln auch auf die Feinheit des Stoffes schließen. Die damaligen Nähnadeln waren in jedem Fall deutlich größer und kräftiger als unsere heutigen Stopfnadeln. Natürlich konnte mit solchen Nadeln auch Leder genäht werden, zumal der Nadelkopf meist als Spitze gestaltet war.
Erstaunlich wenig können wir über die Lederverarbeitung in Manching sagen. Andernorts sind zahlreiche Ledermesser mit ihrer charakteristischen spatelförmigen Klinge erhalten. In Manching sind die Exemplare an zwei Händen abzuzählen. Dies lässt darauf schließen, dass die geruchsintensive Gerberei und die Weiterverarbeitung entweder außerhalb der Siedlung oder in einem bisher noch nicht untersuchten Areal angesiedelt waren. Wichtig war der Zugang zum Wasser, der vor allem an Paar, Donau und am Igelsbach gegeben war, welcher den Siedlungsbereich ursprünglich südlich begrenzte. Weiter benötigte man Kalk und Asche. Wir können hier also auf jeden Fall mit einer Spezialisierung rechnen. Die bei der Versorgung einer so großen Menschenmenge anfallende Masse an Fellen oder Lederteilen hat den Eigenbedarf sicherlich überschritten und ist verhandelt worden. Auch hier können künftige Grabungen weiteren Aufschluss geben.
Wie wir von Funden außerhalb Manchings wissen, waren Gewebe, aber auch Gegenstände aus Leder, z. B. Schuhe, oft reich verziert. Die Absenkung des Grundwasserspiegels im Zuge des Flughafenausbaus, durch den die zahlreichen kelti-

schen Brunnen endgültig trocken fielen, hat uns sicherlich um manch interessanten Fund aus organischem Material gebracht.

Hirschgeweih und Federputz

Die Jagdbeute der Manchinger Bevölkerung bestand aus Rothirsch, Reh, seltener Wildschwein und Hase, während Elch und Braunbär zahlenmäßig nicht ins Gewicht fielen. Begehrt war neben dem Fell bzw. Leder natürlich das Geweih, das oft Bearbeitungsspuren trägt und zu Griffen und Ähnlichem weiterverarbeitet wurde (Abb. 62). Ob, wie in jüngeren Zeiten, auch die Medizin auf solche Stoffe zurückgriff, oder ob man Hirschgeweihe als Trophäen sammelte, ist schwer einzuschätzen. Eberhauer immerhin verwendete man als Amulett, was die Bedeutung der Jagd auf das gefährliche Wildschwein zum Ausdruck bringt. Hier ging es nicht ausschließlich um die Fleischgewinnung, sondern auch um das Demonstrieren männlicher Kraft und Geschicklichkeit. Der gallische Wildschweinkeulen verschlingende Obelix vermittelt also ein nur in Teilen realistisches Bild.
Für uns kaum mehr fassbar ist die Bedeutung des Federkleides einzelner Vogelarten. Eine Kellergrube neben einem Gebäude, das wohl einer Familie der Oberschicht zuzuordnen ist, erbrachte neben Knochen vom Haushuhn solche vom Rotmilan, Habicht, Rebhuhn, Wachtelkönig, Blesshuhn, von der Mistel-/Wacholderdrossel, der Amsel und dem Fichtenkreuzschnabel. Wir dürfen demnach

Abb. 62 Unterschiedliche Gerätschaften und Halbfabrikate aus Hirschgeweih und Knochen

annehmen, dass der Federputz eine besondere, in jedem Fall wohl gehobene soziale Stellung kennzeichnete, ähnlich dem Federschmuck der Indianer.

Wie kommt ein Mittelmeerfisch an die Donau?

Dass die keltische Bevölkerung Manchings wie diejenige späterer Jahrhunderte u. a. Fischfang betrieb, ist bei der Lage der Siedlung an mehreren Flüssen bzw. Bachläufen vorauszusetzen. Es ist allerdings unklar, in welchem Ausmaß die Fischerei betrieben wurde. Reusen und dergleichen mehr sind nicht erhalten, und einige wenige Angelhaken aus Metall sind kaum ein Zeichen professionell betriebener Fischerei. Erst in den letzten Jahren wurde den Fischknochen bei den Grabungen mehr Aufmerksamkeit geschenkt, indem man gezielt die Grubenverfüllungen schlämmte. Plötzlich vermehrte sich die Zahl der Fischknochen beträchtlich, und wir können das Spektrum der verzehrten Fische in etwa überblicken: Neben Ringelbrasse, Schleie, Zander, Wels, Karpfen und Quappe fing man vor allem Weißfische. Man verzehrte aber auch Flussmuscheln.

Ein einzelner Fischknochen bereitete den Archäozoologen großes Kopfzerbrechen. Henriette Manhart fand schließlich heraus, dass es sich um den Mittelohrknochen einer Weißfischart handelte, der nicht in Paar und Donau, sondern im Mittelmeer lebt. Wie kam dieser Fisch nach Manching? Eigentlich kann es sich nur um einen Bestandteil der berühmten mediterranen Fischsaucen (Garum) handeln, die die Kelten im Süden kennen und schätzen gelernt haben.

Die Analyse von Grubenverfüllungen aus dem Umfeld des Hafens und der dicht besiedelten Zone im Altenfeld erwies erstmals einen klaren Unterschied in der Verteilung von Tierknochen: Im Umfeld des Hafens wurde kein einziges Fischknöchlein ausgeschlämmt; die Fische und der Rest der Fischsauce wurden weiter südlich im dicht besiedelten angrenzenden Viertel verzehrt. Im Falle des importierten Garums braucht dies nicht zu verwundern, da wir hier einen Sitz der Aristokratie vermuten.

Feuerfestes Geschirr und Stapelhilfen

Tonnen von Scherben, die im Anschluss an jede Grabung gewaschen, klassifiziert und statistisch erfasst werden müssen, ergeben einen Überblick über das in Manching verwendete Koch- und Essgeschirr, über tönerne Gerätschaften und über Vorratsgefäße. Die Qualität der Tonwaren richtete sich nach ihrem Verwendungszweck. Gewisse Moden in der Form, der Warenart und der Verzierung ermöglichen es, eine Entwicklung festzustellen, wobei zu bedenken ist, dass neue Waren meist neben älteren verwendet wurden; auf Altbewährtes verzichtete man nicht ohne Not, und manches hielt einfach länger als anderes.

Dass man in Manching selbst getöpfert hat, verraten uns drei Töpferöfen, die allesamt in die spätkeltische Zeit gehören. Sie sind nur in dürftigen Resten erhalten (Abb. 63). Gleichwohl lässt sich ihre Form rekonstruieren. Die Brennkammer befand sich über einem zentralen und einem ringförmigen Feuerungskanal, dem eine oder zwei Feuerungsgruben vorgelagert waren. Teils waren diese Gruben in den Sand oder Kies eingegraben, teils waren die stützenden Teile aus Lehm geformt, wie auch die Brennplatte und die Kuppel, von der aber kaum etwas erhalten blieb. Die Öfen wurden später mit Keramik und Abfällen aus der Umgebung verfüllt. Im Handwerkerviertel des Altenfeldes befand sich in etwa 5 m Entfernung eines Töpferofens eine Grube, die mit keramischer Ausschussware dieses Ofens geradezu vollgestopft war (Abb. 64).

Abb. 63 Der am besten erhaltene Töpferofen Manchings mit Resten des Unterbaus aus Lehm
Abb. 64 Fehlbrände sortierte man gleich aus und entsorgte sie, wie hier in einer Grube, in der Nähe eines Ofens.

Den Ton besorgte man sich im Umland; größere Tonvorkommen sind im Siedlungsgebiet selbst nicht zu erwarten, und wenn, erst in größerer Tiefe. Für das 3. und 2. Jahrhundert v. Chr. ist es also unklar, ob man in Manching selbst produziert hat oder ob man sich vom Umland mit Töpferwaren versorgen ließ. Es kann natürlich auch sein, dass es ein regelrechtes Töpfereiviertel gab, das noch nicht ergraben ist. Einzelne Stapelhilfen für die Töpfe innerhalb des Ofens und Gerätschaften aus Knochen und Geweih zur Verzierung des lederhart getrockneten Tons finden sich immer wieder (Abb. 65–66), bieten aber keinen Beleg für eine Produktion, die eine große Menschenmenge versorgen musste.

Abb. 65 Die gelochten, schlicht gearbeiteten Tonschalen dienten als Stapelhilfen im Töpferofen.
Abb. 66 Mit einem aus Geweih geschnitzten Stempel verzierte man diesen Deckel.

Mit Sicherheit erforderte das Töpfern spezielle Kenntnisse, was natürlich nicht ausschließt, dass einfachere, vor allem handgefertigte Gebrauchswaren im Hauswerk hergestellt wurden. Es ist aber zu bedenken, dass für die Lagerung des Tones, seine Zubereitung und Magerung gewisse Einrichtungen benötigt wurden. Ein Zugang zum Wasser war z. B. unabdingbar. Die bereits geformten Gefäße mussten zum Trocknen aufgestellt werden, bevor sie in den Ofen gestapelt und gebrannt wurden. Hier ist die Feuergefahr zu bedenken. Es musste auf die richtige Brenntemperatur, die Regulierung der Zugabe von Sauerstoff geachtet werden, die z. B. eine rote Färbung des Tons bewirkte.

Besonders gut lässt sich das an der so genannten bemalten Ware ablesen, meist dünnwandige, reich bemalte flaschenartige Gefäße (Abb. 67). Vorherrschend sind Streifen, Wellenlinien und Gittermuster miteinander kombiniert und manchmal metopenartig angeordnet. Seltener sind Punkte und pflanzliche Darstellungen, wobei hin und wieder Motive aus dem Süden entlehnt wurden, was nicht zu verwundern braucht, nimmt Ferdinand Maier, der Bearbeiter der bemalten Ware doch an, dass die Idee zu dieser Warenart aus dem Mittelmeerraum stammt.
Der Einsatz der schnell drehenden Töpferscheibe ist an den Rillen im Innern der so genannten Feinkeramik gut zu erkennen, oft auch am Boden, wo das so genannte Abdrehen ein spiraliges Muster hinterließ. Das Gleichmaß der Formen und Zierarten lässt an eine Art Massenproduktion denken.
Andere Voraussetzungen erforderte die Herstellung der so genannten Kammstrichware. Hierbei handelt es sich um außen mit einem Kamm aufgeraute Kochtöpfe aus Graphitton. Graphit bewirkt, dass der Topf feuerfest wird. Wie kostbar solche Töpfe waren, erkennt man daran, dass man sie, nachdem sie zerbrochen waren, mit Eisenklammern und Pech flickte; so genannte Graffiti auf den Böden der Gefäße werden als Töpferzeichen gedeutet (Abb. 68). Die Beschaffung des in der Passauer Gegend anstehenden wertvollen Graphittones musste gut organisiert, der Transport geschützt werden.

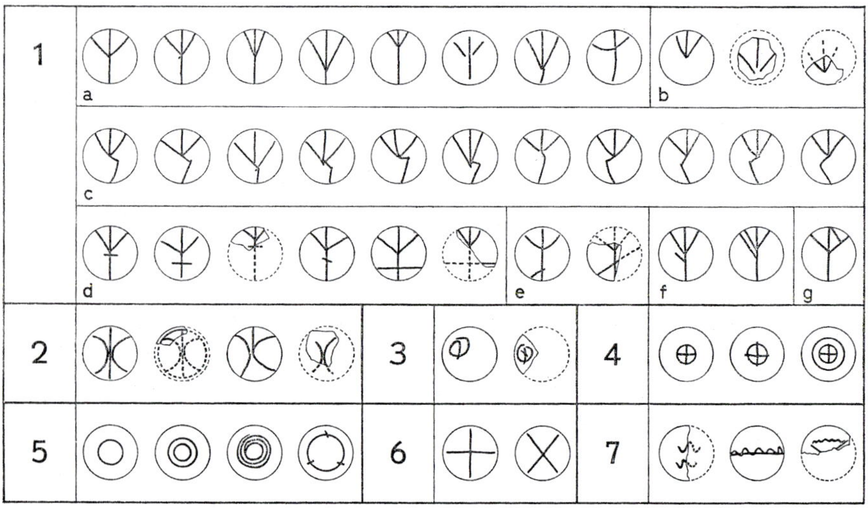

Abb. 67 Tongefäße für jede Gelegenheit

Abb. 68 Bodenzeichen von Tongefäßen – keltische Buchstaben?

Zu Tisch!

Nicht in jedem Manchinger Haushalt werden die gleichen Waren benutzt worden sein. Gedrechselte Holzgefäße haben das Tongeschirr ergänzt. Da sie unzerbrechlich waren, waren sie weniger wert und wohl vor allem im Haushalt der Ärmeren zu finden. Die gleichfalls nicht erhaltenen Holzlöffel sind in jedem Fall zu ergänzen, ebenfalls Eisenmesser mehr oder minder guter Qualität.

Teller aus Ton waren nicht bekannt, sodass man voraussetzen kann, dass man aus flachen Schüsseln aß. Auch das Fleisch, das meist als eine Art Gulasch zubereitet wurde, wurde so serviert. Tiefere, auch pokalartige Schüsseln mit eingefalzten und oft reich verzierten Deckeln (Abb. 66), die meist der so genannten glatten Drehscheibenware angehören, die schwarz glänzend war, fassten die Speisen bei Tisch. Flaschen und mehr oder weniger tonnenförmige Becher bildeten wiederum eine Einheit; gehenkelte Gefäße waren selten.

Allein der Aristokratie war wohl der Weingenuss vorbehalten. Sie importierte das kostbare Gut in Amphoren aus dem Mittelmeergebiet; als Beifracht erreichten Manching hin und wieder Gefäße aus Hochglanzkeramik – Schalen, Becher – oder die allerkostbarsten und sehr zerbrechlichen Glasgefäße. Das allgemein übliche Getränk war neben Wasser Honigwein (Met), außerdem wohl Bier, für dessen Konsum und Herstellung es bereits in der Hallstattzeit Belege aus Hochdorf (Baden-Württemberg) gibt.

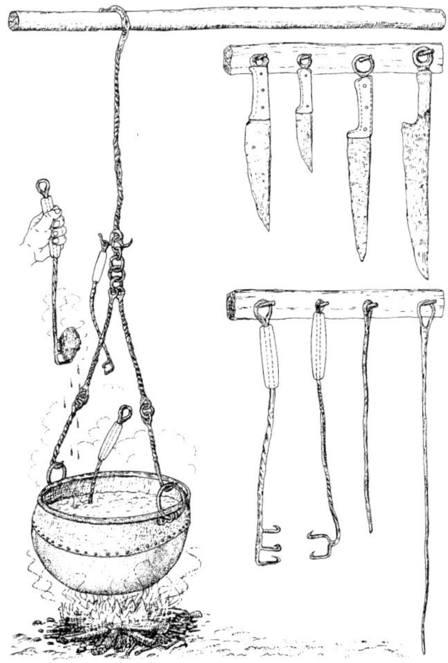

Abb. 69 Gerätschaften rund um den Herd

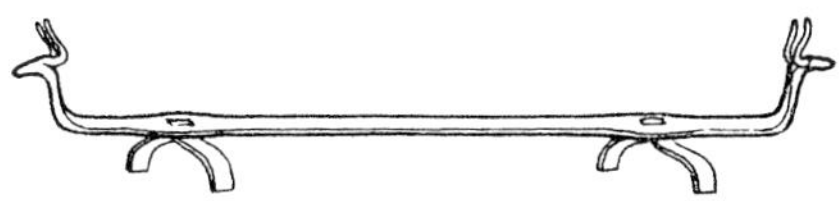

Abb. 70 Rekonstruktion eines Feuerbockes

Die Zubereitung der Speisen geschah über einer Herdplatte, die wahrscheinlich das Zentrum des Hauses bildete (Abb. 69). Rupert Gebhard hat auf solchen Herdplatten Eindrücke von eisernen Dreifüßen beobachtet, auf die die Kochtöpfe gestellt wurden. Nicht jeder Haushalt dürfte über einen großen Kessel verfügt haben, den man an einem eigenen Gestell oder an der Decke aufhängen musste. Die Kessel besaßen oft einen bronzenen Bo-

Abb. 71 In einem Erdkeller deponierte Gefäße

den und ein angenietetes eisernes Oberteil mit einem verstärkten Rand. Kräftige Attaschen mit großen Ringen machten sie tragbar. Damit die Ringe nicht den Oberteil eindrückten, nietete man eiserne Puffer darunter. Natürlich findet man solche Einzelteile öfter als Bleche des eigentlichen Kessels, der, da besonders wertvoll, immer wieder geflickt wurde. Den Begriff des Kesselflickers kennt man ja auch noch in der Neuzeit. Um an den Inhalt des Kessels zu gelangen, also das Fleisch in der Suppe, benutzte man große gebogene Fleischgabeln aus Eisen, die sicherlich reihum gingen. Mit hölzernen Löffeln, Kellen und den Schalen konnte man die Flüssigkeit schöpfen.

Ursprünglich unkeltisch war es, das Fleisch zu braten. Bratroste, die man als Halterung für den Topf oder zum Braten von Fleisch über den Herd stellte, und paarweise angeordnete Feuerböcke, auf die man Bratspieße legte (Abb. 70), zeigen uns aber an, dass sich – wohl in der Oberschicht – diese Sitte hielt, die eigentlich in der Mittelmeerwelt zu Hause war. Handgeformt sind die teils riesigen Vorratsgefäße, die man oft mit Pech überzogen hat, damit der Inhalt nicht verdunsten konnte oder damit aggressive Stoffe den Ton nicht angriffen. Getrocknete oder gedorrte Früchte, Gemüse und Salz mögen hier aufbewahrt worden sein, vielleicht auch ein kleiner Vorrat Getreide. Waren solche Gefäße zur Kühlung in Vorratsgruben untergebracht (Abb. 71)? Hier

Abb. 72 Ein besonders gut erhaltener Fassbrunnen vom Südrand des Oppidums
Abb. 73 Detail der Fassbindung eines anderen Brunnens aus Schnur und Ruten

gibt es noch viele offene Fragen, die es uns erschweren, uns das tägliche Leben der Manchinger Kelten vorzustellen.

Zimmermann, Wagner und Drechsler

Holz war der Grundbaustoff der Kelten, ob beim Hausbau oder bei der Errichtung der Stadtmauer. Man benötigte es als Feuerungsmittel, zur Erzeugung von Holzkohle und nicht zuletzt zur Herstellung von Gerätschaften, von denen leider nichts erhalten ist: Griffe, Stiele, Gefäße, Eimer, Wannen, Bottiche, aber auch Wagen, um nur einige Beispiele zu nennen. Immense Mengen mussten also zur Verfügung stehen; gleichwohl wird man Holz immer auch sekundär verwendet haben. Das Verzapfen von Hölzern war üblicher als das Vernageln mit Eisennägeln. Dennoch sind massenweise Nägel und vor allem Bauklammern erhalten. Der Nachweis von Holznägeln ist leider nicht möglich. Holzreste sind nur in Ausnahmefällen erhalten, in der Regel dann verkohlt. Lediglich am Südrand der Siedlung, wo der Grundwasserspiegel etwas höher ist, häufen sich in letzter Zeit Reste von Fassbrunnen, die aber noch nicht ausgewertet sind (Abb. 72–73). Kann man Ver-

Abb. 74 Geräte zur Holzbearbeitung

zimmerungstechniken noch anhand von Verfärbungen (Abb. 51) oder an Abdrücken im Hüttenlehm rekonstruieren, ist die Frage, welche Holzsorten Verwendung fanden, nur über die Holzreste selbst zu klären. Am Osttor war dies z. B. noch möglich, da auch dort der Grundwasserspiegel noch nicht zu weit abgesenkt war. Eichenholz benutzte man demnach bevorzugt für das Holzgerüst der Stadtmauer. Die Holzverzimmerung einer Fallgrube vor dem Osttor ebenfalls aus Eichenbohlen, ergab sogar die Möglichkeit einer Datierung mittels der Jahresringe (105 ± 6 v. Chr.). Ansonsten stehen nur größere und kleinere Holzkohlefragmente zur Holzartenbestimmung zur Verfügung.
Was die Holzbearbeitung betrifft, gibt zahlreich gefundenes Eisengerät Aufschluss: Beile (Abb. 74) setzte man zum Fällen der Bäume ein, aber auch, wie etwa Hohleisen, zur weiteren Bearbeitung des Holzes, hinzu kommen Reste von Sägen und Zugeisen, die man zum Glätten des Holzes verwendete; Löffelbohrer und Stemmeisen dienten dem Anbringen von Löchern, Meißel und Stecheisen jeglicher Größe brauchte man für Feinarbeiten. Schneidende Gerätschaften zur Holzbearbeitung sind jeweils mit einer Tülle versehen und so von den Schmiedegeräten zu unterscheiden (Abb. 83).
Oftmals, wie beim Wagenbau, war das Holz mit Metall verkleidet. Zum einen

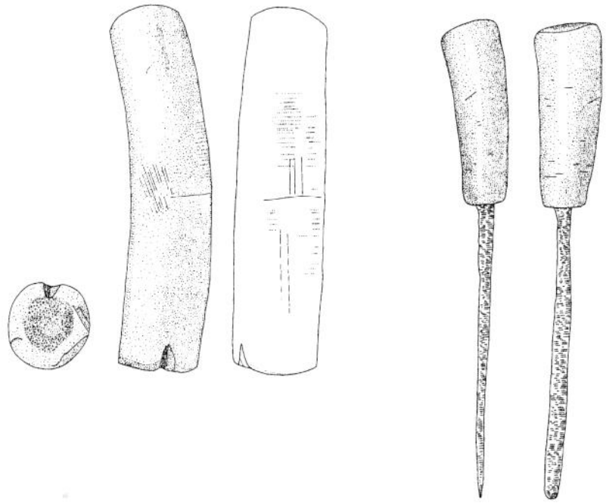

Abb. 75 Vorarbeit und Endprodukt eines Gerätegriffs aus Hirschgeweih

sind dadurch noch bestimmbare Holzfasern erhalten geblieben, zum anderen lassen sich Konstruktionsdetails der hölzernen Bestandteile rekonstruieren. Während der Bau eines Wagens, wohl auch der eines Fasses, besonderes Können und Geschicklichkeit erforderten, waren für andere Holzarbeiten keine speziellen Kenntnisse nötig. Natürlich setzte das Errichten eines größeren Hauses Erfahrung voraus, genauso das Drechseln von Holz und anderen organischen Stoffen. Die Verteilung der entsprechenden Gerätschaften in der Siedlung sagt nicht allzu viel über eine Spezialisierung aus, da etwa der Zimmermann wohl meist dort tätig war, wo er benötigt wurde und nicht, wo er wohnte. Vielleicht sollte es uns auch zu denken geben, dass er bis heute am Wandern festhält. Das Material, das er braucht, ist überall verfügbar.

Wo kleinere Holzteile bearbeitet wurden, wird man auch Geräte aus Knochen und Geweih hergestellt haben, wobei man diese Materialien vielleicht wegen ihrer hellen Farbe bevorzugte, vielleicht auch, weil sie nicht splitterten und weniger leicht brachen. Belegt sind zahlreiche Pfrieme, Griffe und Knebel, aber auch Geräte zum Verzieren von Keramik sowie Schreibgriffel. Kästchenscharniere und ein Kamm sind reich mit Kreisaugen geschmückt, was auch für die verschiedenen Würfelformen gilt. Die Würfelproduktion können wir ebenso wie die Herstellung von Geweihgriffen anhand von Halbfabrikaten nachweisen. Hier scheint es sogar ein genormtes Maß gegeben zu haben. So ist ein fertiger Griff 5,9 cm lang, ein Halbfabrikat, das in der Mitte durch eine Ritzung unterteilt ist, misst 11,8 cm (Abb. 75).

Aus der Werkstatt der Schnitzer und Drechsler kamen auch die schwarzbraunen, längsgerillten Sapropelitringe. Sapropelit ist eine fossile Faulschlammkohle, die leicht zu bearbeiten ist. Ein weithin wirkendes Produktionszentrum lag in Zentralböhmen, von dort bezogen auch die Manchinger den Großteil ihres Materials. Es ist nicht ganz klar, ob als Fertigprodukte oder Halbfabrikate; insofern ist über eine Produktion in Manching keine Aussage zu treffen. Die Verteilung im Oppidum ist auf den nördlichen Teil der Zentralfläche konzentriert, wo wir den Siedlungskern vermuten. Bereits zu Beginn des 2. Jahrhunderts v. Chr. kamen diese Armringe aus der Mode, offensichtlich konnten sie mit den farbenfreudigen Glasringen nicht konkurrieren.

Glas und Bernstein – zerbrechlicher Schmuck

Während man Glasperlen schon lange kannte, ist die Produktion von Armringen aus Glas neu. Die Kelten brachten es hier zu ganz besonderer Fertigkeit. Manching kann als eines der Produktionszentren gelten.

An den Grabbeigaben der Friedhöfe »Hundsrucken« und »Steinbichel« ist zu ersehen, dass die Glasarmringe zum Frauenschmuck gehörten. Dank der Bearbeitung durch Rupert Gebhard wissen wir, welche Formen und Farben wann in Mode waren. Auf schmalere mehrfarbig verzierte folgten breite, auf verschiedene Weise gekerbte Ringe (Abb. 76). Die Farbe Blau als Grundfarbe stand im Mittelpunkt. Im 2. Jahrhundert v. Chr. kamen so genannte gelbe Ringe in Mode, eigentlich farblose Stücke, denen eine gelbe Folie unterlegt wurde. Ein deutlicher Bruch zeichnet sich mit Einsetzen der spätkeltischen Zeit am Ende des 2. Jahrhunderts v. Chr. ab. Nun herrschten einfarbige Ringe mit einfachem, d-förmigem Querschnitt vor.

Rohglasfragmente (Abb. 77) bezeugen eine Glasproduktion in Manching, wobei unklar ist, ob Rohglas eingeführt oder an Ort und Stelle produziert wurde. Aufgrund einer Fundkonzentration im Bereich der Zentralgrabung südlich des großen Grabengevierts nimmt Gebhard

Abb. 76 Glasarmringe und -perlen aus Gräbern sind im Gegensatz zu den Siedlungsfunden besonders gut erhalten.

Abb. 77 Purpurnes Rohglas belegt die Herstellung von Armringen und Ringperlen gleicher Färbung in Manching

dort Werkstätten an, und hier finden wir auch die ältesten Stücke, die noch ins 3. Jahrhundert v. Chr. gehören. Aber weshalb diese außergewöhnliche Fundmenge? Hat man zerbrochene Stücke nicht weiterverarbeitet? Wurden die Ringe von hier aus verhandelt? Konnte man zerbrochenes Altmaterial wieder einschmelzen und hat es deshalb gesammelt? Die ältesten Glasarmringe sind jedenfalls ein wichtiger Beleg für den Reichtum, der sich bereits früh in der Manchinger Siedlung konzentriert hat. Perlen als Teile von Halsketten sind in Form von sicherlich kostbaren Colliers in den Gräbern des Steinbichelfriedhofes belegt (Abb. 76). Einzelne Perlen trug man auch in Armringe eingehängt. Wohl noch im 2. Jahrhundert v. Chr. setzte die Pro-

Abb. 78 Ringperlen aus Glas

Abb. 79 Der aus dem Bernstein fein herausgearbeitete Hippokamp mit dem gewundenen Schwanz ist eine römische Arbeit und mit Sicherheit nach Manching importiert worden.

duktion so genannter Ringglasperlen ein, deren Funktion wir nur erahnen können. Sie können einfarbig sein, zwei Farben können spiralig miteinander kombiniert sein, es existieren auch getupfte und karierte Muster (Abb. 78), die aber auf einer abweichenden Herstellungstechnik beruhen. Am ehesten wird man sie wohl als Amulette ansprechen dürfen.
Anders steht es mit den so genannten Glaswirteln, die relativ selten sind. Sie bestehen aus durchsichtigem, grünlichem Glas und können bis zu 5,7 cm Durchmesser aufweisen. Dieses Glas wird als Rohglas bezeichnet; es könnte also mit der Glasproduktion – als Zwischenprodukt – in Verbindung stehen. Zwei solcher Glaswirtel wurden immerhin im Altenfeld-Handwerkerviertel gefunden.
Bernsteinperlen sind als Grabbeigaben manchmal in Glasperlengehänge integriert. Als Siedlungsfunde sind sie eher selten und meist nur fragmentarisch erhalten. Sie sind allerdings auch nur bei Anwendung sehr feiner Grabungsmethoden zu finden. Als Importe von der Ostsee oder dem Mittelmeerraum werden sie hochgeschätzte Schmuckstücke dargestellt haben. Zwei so genannte Siegelringe tragen Einlagen aus Bernstein. In einem Fall ist das fein geschnittene Bild eines Hippokampen noch gut zu erkennen. Mit Sicherheit handelt es sich hierbei aber nicht um eine keltische Arbeit (Abb. 79).

Gießen, Schmieden, Prägen

Bronze

Bronze war in der Latènezeit das bevorzugte Schmuckmetall. In welchem Ausmaß sie aber im Oppidum selbst verarbeitet wurde, zeichnet sich erst in jüngster Zeit klarer ab. Schlacken, Gussreste und Fehlgüsse streuen zwar weithin, doch wird immer deutlicher, dass ein Produktionszentrum entlang bzw. nördlich der zum Osttor führenden Straße gelegen haben muss. Dies zeigen die Ergebnisse von Grabungen, aber auch Lesefunde und von so genannten Son-

Abb. 80 Blechreste, Fehlgüsse und Gussreste aus Bronze, gesammelt für die Wiederverwertung.

dengängern abgeliefertes Material, das sich einzelnen heutigen Ackerparzellen zuweisen lässt.
Detailliertere Einblicke lieferte das Umfeld eines Grubenhauses im Altenfeld-Handwerkerviertel. Obgleich diese Funde erst im 1. Jahrhundert v. Chr. in die Erde gekommen sind, wird man nicht fehl gehen, die hier gemachten Beobachtungen auch auf die beiden vorangehenden Jahrhunderte zu übertragen. In einer mit Holzkohle gefüllten Arbeitsmulde auf dem Boden der Hütte fanden sich Tiegelreste und beschnittene Bronzeblechfragmente, die sich als Altmetall erwiesen, da man bei der Zerteilung keine Rücksicht auf die Verzierung genommen hat. Hinzu kamen verschlacktes Material und abgetrennte Gusszapfen, die als Abfall vom letzten Gießvorgang übrig geblieben sind und natürlich als Rohmaterial wiederverwendet werden konnten (Abb. 80). Teils benötigte man elastisches, teils hartes Material. Aus zwei parallelen Gräbchen, die dem Grubenhaus direkt benachbart sind, konnten darüber hinaus etliche Fehlgüsse geborgen werden, die sicher auch wieder eingeschmolzen werden sollten.
So wie noch in den Nachkriegsjahren auch bei uns Altmetall gesammelt wurde, war es für die Kelten selbstverständlich, defekte Metallgegenstände nicht einfach wegzuwerfen, sondern sie, sofern für diesen Zweck brauchbar, zu sammeln und wieder aufzubereiten, zumal wenn der Zugang zu den Lagerstätten von Kupfer und

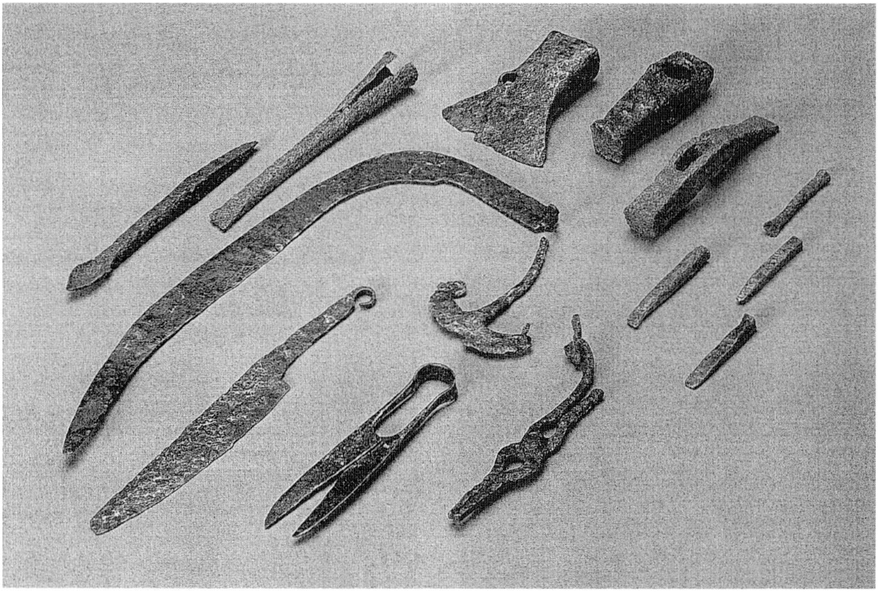

Abb. 81 Verschiedene Geräte und Werkzeuge aus Eisen

Zinn nicht ohne weiteres möglich war. Der Bronzegießer oder Schmied sortierte das Material nach Legierungen, die er durch einfaches Anritzen oder anhand der Färbung im Feuer erkennen konnte, und gewann so das nötige Ausgangsmaterial für seine Arbeiten. Diese konsequente Wiederverwendung des wertvollen Metalls mag auch den Mangel an Resten qualitätvoller Bronzen erklären, der viele Siedlungen auszeichnet. Ein kleines Schmiededepot von der Nordumgehung belegt, dass die Metallarten nicht grundsätzlich getrennt gesammelt wurden. Es barg Halbfabrikate und Abfälle aus Eisen (Abb. 138), aber auch Bronzeteile.

Eisen

Die Tatsache, dass Manching vom Donau- und Feilenmoos umgeben wird, zeigt schon die Bedeutung, die dem Zugang zu den Eisenressourcen bei der Anlage und sicher auch bei der Erweiterung der Siedlung zukam. Wenn das Areal auch weitflächig von der mittelalterlichen Raseneisenerzgewinnung überprägt ist, so ist dennoch davon auszugehen, dass hier zumindest ein Teil des benötigten Erzes gewonnen und an Ort und Stelle verhüttet worden ist. Auch die Reviere bei Etting, die nicht allzu weit von Manching entfernt nördlich der Donau liegen, dürften für das Oppidum ausgebeutet worden sein.

In Manching selbst wird die Produktion erst mit dem Moment fassbar, in dem die schmiedbare Luppe in die Siedlung ge-

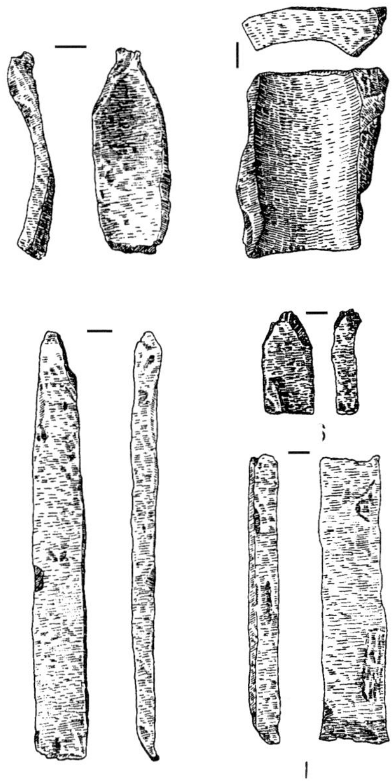

Abb. 82 Zwischenprodukte und Abfälle aus Eisen, die auf eine nahe gelegene Schmiede schließen lassen.

bracht wurde. Das Material wurde nun noch einmal ausgeheizt und in der Schmiede weiterbearbeitet; es entstanden bei diesem Vorgang große Mengen an Schlacken, die sich besonders im Bereich des Altenfeld-Handwerkerviertels konzentrieren. Zu den Abfällen gehörten außerdem defekte Düsenziegel mit einer Öffnung für das Gebläse zum Anheizen des Feuers und zahlreiche Kalksteine. All diese Reste wurden in Gräben und Gruben entsorgt. Weiterverhandelt wurde das Eisen in Form von doppelkonischen Barren. Schwertförmige Barren dienten als Ausgangsmaterial für zahlreiche Produkte (Abb. 83).

Eisenverarbeitung können wir fast überall in der Siedlung nachweisen. Leider ließen sich in der besonders fundreichen Zentralfläche die einzelnen Belege noch nicht genauer datieren. Für die Nordumgehung wurde ein Versuch in diese Richtung unternommen, der Einblick in die Gepflogenheiten des 2. Jahrhunderts v. Chr. erlaubt. Hier gab es z. B. kaum Hinweise auf Altmetallverarbeitung in größerem Ausmaß. Vielmehr herrschten Stabeisen, Barren und dergleichen vor (Abb. 82). Die Schlacken entsorgte man innerhalb des Gehöftes. Dies lässt nicht gerade auf eine Massenproduktion schließen, aber offensichtlich besaß das Gehöft, dessen Besitzer nicht der obersten Gesellschaftsschicht angehörte, einen eigenen Schmied, wenn er diese Funktion nicht selbst ausübte. Am Ende des 2. Jahrhunderts v. Chr. wurden die gefalteten Bleche, allerdings eher kleineren Maßstabes, deutlich häufiger, die barrenartigen Gegenstände und Stabeisen hingegen seltener. Die Schlacken brachte man nun außerhalb der Gehöfteinheit in eine feuchte Senke. Im fortgeschrittenen 1. Jahrhundert v. Chr. schließlich wurde am Südrand des Gehöftes ein Grubenhaus errichtet. In seinem Umfeld hat man sich offenbar auf die Herstellung von Drähten, wohl auch Nadeln spezialisiert. Natürlich ist dies bislang nur ein Einzel-

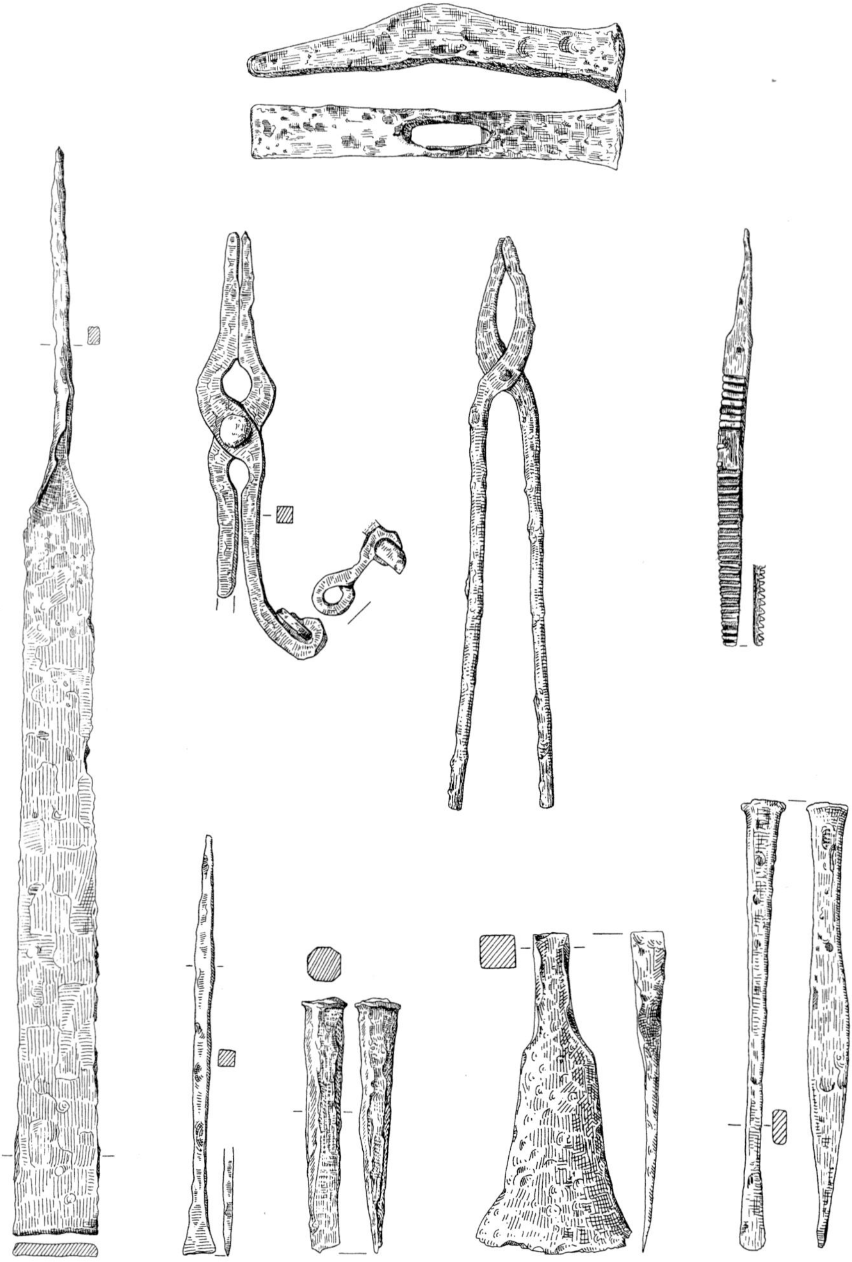

fall und noch kein Modell, aber es scheint zumindest, als hätte man im 2. Jahrhundert v. Chr. noch mehr Rohmaterial verarbeitet als im 1. Jahrhundert v. Chr.
Unabhängig von diesen Überlegungen geben uns die Geräte und auch die übrigen Werkzeuge (Abb. 81) einen Einblick in die Fähigkeiten der keltischen Schmiede, die ihr Handwerk bestens verstanden; die keltischen Eisenwaren wurden ja von antiken Schriftstellern gerühmt. Der Band über Werkzeug und Gerät aus dem Oppidum von Manching von Gerhard Jacobi ist in dieser Hinsicht ein Handbuch von unschätzbarem Wert. Anhand der Schmiedehämmer, Meißel, Kreuzmeißel, Zangen, Stecheisen, Ambosse, Punzen, Werkstücke und Halbfabrikate können wir alle möglichen Schmiedevorgänge rekonstruieren (Abb. 83).
Sicher ist der spezialisierte Handwerker vom einfacheren Schmied zu unterscheiden, der mit jedem Metall umgehen und jeden Gegenstand reparieren konnte. So gibt es Anzeichen dafür, dass im Bereich der Nordumgehung Lanzen und Speere hergestellt worden sind.

Edelmetalle

Schmuck aus Gold und Silber ist äußerst selten erhalten. Lediglich kleine Ringlein, die verloren gegangen sein mögen, bilden eine Ausnahme, so z. B. mehrere silberne Fingerringe, einer aus Gold, aber auch zwei vollständig erhaltene silberne Gewandspangen, die ineinander gehängt waren (Abb. 102). Größere Gegenstände sind mit Sicherheit nicht verloren gegangen, man wird sich sehr bemüht haben, sie wiederzufinden. Ein Ensemble wie das vergoldete Kultbäumchen ist natürlich ganz bewusst dem Boden anvertraut worden.

Abb. 83 Schmiedegerätschaften aus Eisen

Münzprägung

Gold und Silber wurden vor allem für die Münzprägung benötigt. Was die Goldmünzen betrifft, so haben Untersuchungen ergeben, dass man griechische Münzen einschmolz, um z. B. Regenbogenschüsselchen zu prägen. Nicht sehr viel anders wird es bei den Silbermünzen ausgesehen haben. Hier boten sich die römischen Denare an.
Rückkehrende Söldner, die im Mittelmeerraum mit Münzen bezahlt wurden, sollen die Münzprägung auch in unseren Breiten angeregt haben. In Manching datieren erste Münzen in das 3. Jahrhundert v. Chr. Wenn auch nicht nachweisbar ist, dass sie hier geprägt worden sind, so dürfte Manching dennoch einer der ersten Orte nördlich der Alpen gewesen sein, der in größerem Umfang eigene Münzen herstellte. Von keiner anderen keltischen Siedlung gibt es so viele Belege für Münzprägung wie aus Manching.
Der Fund einer Geldbörse, die ein Regenbogenschüsselchen und fünf $^1/_{24}$-Statere, also ausschließlich Goldmünzen barg (Abb. 84), zeigt, dass man darauf eingestellt war, größere Beträge bei sich zu führen. Insgesamt hätten 50 Kleingoldmünzen in die Börse gepasst. Bei der

Abb. 84 In einer bronzenen Geldbörse fanden sich sechs Goldmünzen, ein kleines Vermögen.

Abb. 85 Gold-, Silber- und Potinmünzen

Geldbörse handelt es sich um ein Einzelstück, dessen Form als bocksbeutelähnlich bezeichnet wird. Eine auf der Rückseite angebrachte Öse diente wohl zur Aufhängung, vielleicht war sie aber auch Teil eines Verschlusses, der offensichtlich aus organischem Material bestanden hat. Können wir von einer keltischen Geldwirtschaft sprechen? Goldmünzen (Abb. 85) liegen aus Manching in folgenden Einheiten vor: Vollstatere, zu denen auch die Regenbogenschüsselchen (schälchenförmige Münzen) gehören, Viertelstatere und $^{1}/_{24}$-Statere. Ein Vollstater wiegt zwischen 7 und 8 g. Silbermünzen (Abb. 85) verwendete man in der Form von Quinaren, die sich in Büschel- und Kreuzquinare teilen, und Kleinsilber. Ein Quinar wiegt ca. 1,8 g und damit halb so viel wie ein römischer Denar; eine Kleinsilbermünze wiegt 0,4 g. Dazu kommen gegossene Bronzemünzen (Abb. 85), die aufgrund ihrer zinnreichen Legierung Potinmünzen genannt werden (ca. 4 g). Und schließlich gab es jede Art von Fälschungen, wobei z. B. ein bronzener Kern mit Gold oder Silber überzogen wurde. Das Gewicht einer Münze war sicherlich von entscheidender Bedeutung; allgemein wird davon ausgegangen, dass die Münzen allmählich leichter wurden, dass also ein Wertverfall eintrat.

Zur Herstellung von Schrötlingen verwendete man Tonplatten (Abb. 86), die reihenweise Eintiefungen besaßen, in die das genau abgewogene Metall gegeben und in einem speziellen Ofen geschmolzen wurde. Durch Befeilen des so gewonnenen Schrötlings konnte das Gewicht weiter korrigiert werden. Der Schrötling wurde anschließend geprägt. Hierzu bediente man sich eines stabförmigen Stempels und einer flachen Auflage. Beide enthielten das Bild der Ober- bzw. der Unterseite der Münze. Um dieses Münzbild

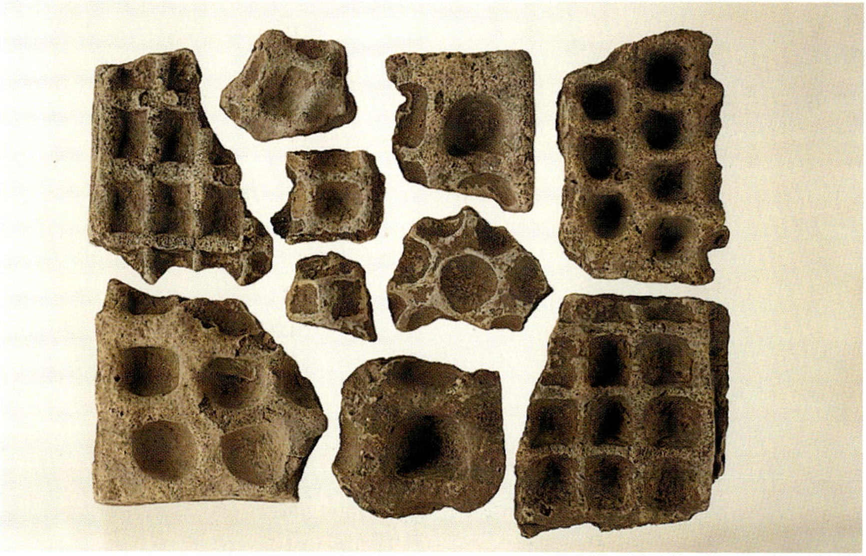

Abb. 86 Tonformen zum Gießen großer Mengen von Schrötlingen werden Tüpfelplatten genannt.

erstellen zu können, benötigte man eine Patrize, wie sie in Manching gefunden wurde. Der Stempel wurde zuerst in Wachs geformt, dann in Bronze gegossen, wobei das Münzbild positiv gearbeitet war. Diese Patrize drückte man in das erhitzte Eisen des eigentlichen Stempels und erzeugte so die Negativform. Der Schrötling wurde nun auf die das Münzbild tragende Auflage gelegt und mit einem Schlag des Stempels beidseitig geprägt. Jetzt konnten immer noch geringfügige Gewichtskorrekturen durch Feilen oder Abreiben der Münze vorgenommen werden.

Obgleich Manching so viele Belege zur Münzprägung geliefert hat, gibt es erst wenige Hinweise darauf, welche Münztypen hier geprägt worden sind. In dieser Hinsicht ist der Fund der Patrize ein besonderer Glücksfall (Abb. 87). Sie trägt das Münzbild eines Kreuzquinars vom Typ Schönaich, dessen Vorderseite ein Lockenkopf schmückt. Münzen dieses Typs sind in Manching vergleichsweise häufig, doch kommen sie auch an anderen Fundorten Süddeutschlands sowie in Böhmen vor. Anders liegt der Fall bei den Kleinsilbermünzen vom Typ Manching (Abb. 85), deren Verbreitungsschwerpunkt ganz eindeutig Manching ist, was auch zur Namensgebung geführt hat. Hier handelt es sich um eine Prägung mit einem Menschenkopf mit stacheligem Haar auf der Vorderseite und einem Pferdchen auf der Rückseite. Von diesem Typ gibt es zahlreiche Varianten. Ähnlich steht es mit den Büschelquinaren (Abb. 85), die ihren Namen stilisierten Haar-

Abb. 87 Patrize aus Bronze zur Herstellung von eisernen Münzstempeln

büscheln verdanken und die in Manching ebenfalls ausgesprochen häufig sind. Nach winzigen Goldtröpfchen in Tüpfelplatten zu schließen, spielte auch die Goldprägung in Manching eine sehr große Rolle. Wir wissen aber nicht, welche Typen der Regenbogenschüsselchen in Manching produziert wurden. Kann man aus ihrem einheitlichen Gewicht in und um Manching auf ein und denselben Prägeort schließen oder nur auf eine kurze Prägezeit eines Typs? Anders liegt der Fall bei den vier stempelgleichen $^{1}/_{24}$-Stateren aus der Geldbörse. Hier ist die Wahrscheinlichkeit sehr groß, dass sie in Manching geprägt wurden. Der Münzschatz ausschließlich boischer Prägungen, der zusammen mit einem befeilten Gussklumpen in Manching vergraben wurde, wirft in dieser Hinsicht eine ganze Reihe von Fragen auf (vgl. S. 99). Sicherlich lag die Edelmetallbeschaffung in der Hand der herrschenden Klasse. In Gallien und im norisch-pannonischen Gebiet können wir die Prägeherren sogar identifizieren, da ihre Namen auf den Münzen genannt werden. Wer verfügte aber über den Stempel, den man doch ohne größere Probleme kopieren konnte? Was bedeutet also die Verbreitung eines Münztyps im Einzelnen? Man sollte die Manchinger Münzen eher dort vermuten, wo sie im Handel verwendet wurden. Dies macht die Sache nicht gerade einfacher.

Eine andere Frage ist, warum die Goldprägungen im Normalfall Münzbilder tragen, die in ihrer Symbolik (Punkte, Sterne, Halsring, Hirschkopf, Schlangendrache) deutlich von der der Silbermünzen abweichen. Hat man mittels der Goldmünzen vor allem Werte gehäuft? Hat man damit einen »Staatsschatz« angelegt, Tributzahlungen geleistet und die Silbermünzen überwiegend im Handel eingesetzt?

Der Umgang mit dem wertvollen Edelmetall setzt eine Überwachung und Kontrolle sowie wahrscheinlich auch eine Spezialisierung voraus. Es liegt nahe, dass man diese Arbeiten zentralisiert durchgeführt hat, was auch die Häufungen von Tüpfelplatten in bestimmten Bereichen des Oppidums (Zentralfläche, Handwerkerviertel) nahe legt. Der Ort der Herstellung des Schrötlings muss aber nicht mit dem der Prägung identisch sein.

Maße und Gewichte

Vor allem im überregionalen Warenverkehr und Austausch werden wie bis heute verbindliche Maßeinheiten eine

Abb. 88 Mit Feinwaagen hat man das Münzgewicht überprüft.

Rolle gespielt haben. Ein Beispiel hierfür ist das Münzwesen. Eine ganze Reihe von Feinwaagen zeigt an, dass dabei das exakte Gewicht von großer Bedeutung war. Leider sind uns keine Münzgewichte aus Manching bekannt; vermutlich haben andere Münzen als Gegengewicht gedient (Abb. 88).

Anders steht es mit größeren Gewichtseinheiten. Ein glücklicher Zufall wollte es, dass aus Manching zwei stempelgleiche Bleigewichte (Abb. 89) vorliegen, von denen das eine das Doppelte (ca. 125 g) des anderen (ca. 62 g) wiegt. Werner Krämer hat ausgeführt, dass als Vorbilder hellenistische Marktgewichte infrage kommen, die das Bildnis der jeweiligen Stadtgottheit wiedergeben. Unsere beiden Gewichte lassen die Büste einer Person mit streng zurückgekämmten Haaren erkennen, die einen Halsring (Torques) trägt und im Arm einen Gegenstand unbekannter Funktion hält, der schon als Rabe, aber auch als Pflug gedeutet wurde. Handelt es sich hier womöglich um die Manchinger Stadtgottheit mit ihrem – bislang unkenntlichen – Symbol? Rechts des Kopfes meint man zusätzlich einen »schwertförmigen« Gegenstand zu erkennen. Die rechte Schmalseite des schwereren Gewichts trägt eine Markierung, die als *XIII* gelesen werden könnte; die an der gleichen Stelle angebrachte Markierung des leichteren und flacheren Gewichts lässt sich nicht entziffern. Ein drittes, beschädigtes Bleigewicht ist in Quadrate aufgeteilt und mit Kreisaugen und Kreissegmenten verziert. Die Rückseite weist ein eingeritztes speichen- oder sonnenartiges Zeichen auf. Dieses Gewicht wiegt noch 50,6 g. Es scheint eine auf einem Dutzend gründende Gewichtseinheit gegeben zu haben, die ja auch bei uns vor nicht allzu langer Zeit noch üblich war.

Des Weiteren hat man sicherlich Hohlmaße gekannt. Anhand der Graphittongefäße stellte Irene Kappel fest, dass die Manchinger Töpfe mittlerer Größe 4–7 l fassten; für die größten Vorratsgefäße wurde ein Inhalt von 60–80 l geschätzt. Hier sind künftig noch differenziertere Ergebnisse zu erwarten.

Gerade die Funde von mehreren Bleigewichten sind als Beleg dafür zu werten, dass Manching in ein überregionales, ja internationales Handelsgeflecht eingebunden war, und dass wir hier auch mit Händlern rechnen müssen, die kompliziertere Berechnungen anstellen konnten. Mit dem keltischen Maßsystem hat sich

Abb. 89 Für größere Gewichtseinheiten benutzte man Bleigewichte.

Abb. 90 Keltischer Maßstab

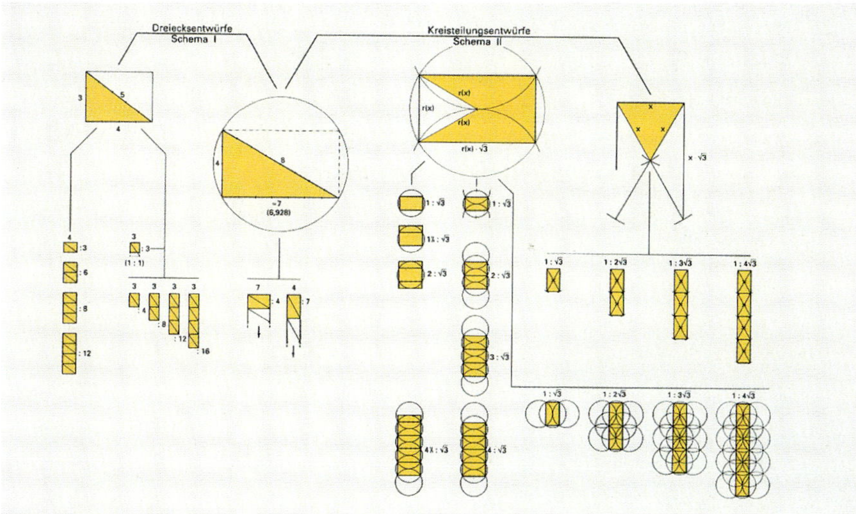

Abb. 91 Entwurfsprinzipien der Baugrundrisse von Manching

Franz Schubert intensiv auseinander gesetzt. Ausgangspunkt war der bereits erwähnte eiserne Stab von 15,45 cm Länge mit aufgeschobenen Bronzeringen (Abb. 90). Schubert interpretierte ihn als Maßstab von einem halben Fuß Länge, was bedeutet, dass der keltische Fuß eine Länge von etwa 31 cm besessen hat. Er entwickelte hieraus ein kompliziertes Bezugssystem von Maßeinheiten, das bei der Konstruktion der Holzhäuser mit Schnürungen und Kreisen arbeitete (Abb. 91).

Mit dem Griffel geritzte Zeichen

Aus Südeuropa sind schriftliche Handelsverträge zwischen Kelten und Römern belegt. Auch wenn uns derartige Zeugnisse fehlen, dürfen wir davon ausgehen, dass die Manchinger Kelten die Schrift genutzt haben. Die wenigen Manchinger Schriftzeugnisse gehören immerhin zu den ältesten diesseits der Alpen. Es handelt sich um vereinzelte Graffiti auf Keramikscherben. Indirekte Zeugen sind aber auch Schreibgriffel aus Bein (Abb. 92) und Teile von bronzenen Rähmchen, die zu Schreibtafeln aus Holz gehörtenund mit Wachs überzogen waren. In welchem Ausmaß die Schrift verwendet wurde, ist unklar. Da die Schreibutensilien im Wesentlichen aus Holz bestanden haben werden, bleibt der Nachweis mehr oder weniger dem Zufall überlassen.

Aus ein und demselben Grabungsschnitt stammen zwei wohl spätkeltische Scherben mit Schriftzeichen. Die eine trägt die in griechischer Schrift eingeritzten Zeichen *ZHO*, ein Teil des Alphabets, das auch die Zahlenfolge 789 bedeuten könnte. Ob dem andere Zeichen voraus-

Abb. 92 Schreibgriffel aus Bein

Abb. 93 Scherbe aus spätkeltischer Zeit mit der Aufschrift *BOIOS*

gingen, ist ungewiss. Es könnte sich hierbei um eine Schreibübung, vielleicht auch um eine magische Handlung gehandelt haben. Die zweite Scherbe mit dem Namenszug *BOIOS* in griechischer oder römischer Kursivschrift (Abb. 93) – hier sind sich die Fachleute nicht einig – hat schon einige Berühmtheit erlangt. Der Personenname BOIOS bezieht sich mit Sicherheit auf den ostkeltischen Stamm der Boier, dessen Mobilität vielfach bezeugt ist; er wird z. B. auch in *Noricum*, Oberitalien und Gallien erwähnt.
Mehrere Funde aus Manching, die mit dem boischen (= heute böhmischen) Gebiet in Verbindung zu bringen sind (u. a. der Münzschatz vgl. S. 99), lassen die Vermutung zu, dass sich in Manching eine Gruppe von Boiern niedergelassen hat. Dies würde den Schriftzug bestens erklären.

Importe aus aller Herren Länder

Wein in Amphoren

Hätte man Wein ausschließlich in Schläuchen oder Holzfässern nach Norden transportiert, so wüssten wir von der Vorliebe der Kelten für berauschende Getränke nur aus schriftlichen Quellen. Die Verpackung verrät in diesem Fall den Inhalt. Man transportierte den Wein in Amphoren: zweihenkligen, dickwandigen Gefäßen mit einem kragenförmigem Rand auf langem Hals, die nach unten in einen Zapfen auslaufen. Die in Manching vorkommende Form (Dressel 1A) (Abb. 94), fasst etwa 20 l, hinzu kommt das Eigengewicht der Amphore. Wohl aufgrund des hohen Gewichts wurden Amphoren, wo immer es möglich war, auf dem Wasserweg transportiert. Die Lage Manchings an der Donau mag die große Menge an Amphoren erklären, die sich aber relativiert, wenn man einen Blick auf die enorme Zahl von Amphoren in den Oppida Galliens wirft. Mit der Entfernung von den Haupttransportwegen nimmt auch die Zahl der Amphorenscherben ab.
Manching scheint in Richtung Osten den Schlusspunkt des Weinhandels in Amphoren zu markieren. Schon in Kelheim fehlen sie, und auch in den fundreichen

Abb. 94 Nur sehr selten findet man größere Teile von Amphoren, wie hier in einem Brunnen.

böhmischen und mährischen Oppida sind nur sehr vereinzelt Amphorenscherben belegt. Eventuell hat man den Wein in anderen Behältern weitertransportiert. Das dort häufige, dem Weingenuss dienende Bronzegeschirr lässt diesen Schluss zu. Der Bearbeiter der Manchinger Amphoren, W.-E. Stöckli, ging vor 20 Jahren davon aus, dass die frühesten Amphoren etwa um 150 v. Chr. nach Manching gekommen sind und dass sie bis gegen 50 v. Chr. benutzt worden sind. Als Herkunftsgebiet gilt aufgrund von Dünnschliffen Kampanien. Mit Amphoren beladene Schiffswracks, die für die Zeitstellung der einzelnen Amphorentypen wichtig sind, und sich an der ligurischen und südfranzösischen Küste häufen, zeigen den Weg an, den auch die Manchinger Amphoren genommen haben, nämlich rhoneaufwärts. Untersuchungen G. Wielands zur Verteilung der Amphoren in Viereckschanzen Baden-Württembergs haben Belege für eine Strecke über den Hochrhein ergeben, die über das Ablachtal die Donau bei Sigmaringen erreicht. Hier musste nur ausnahmsweise der Landweg beschritten werden. In nördlicher Richtung führte der Weg von hier aus zum Neckar über das Oppidum Heidengraben auf der Schwäbischen Alb bei Bad Urach; in Richtung Osten war Manching, wie schon bemerkt, der Schlusspunkt.
In den letzten Jahren hat vor allem das Ende des Amphorenimports nach Manching für Diskussion gesorgt. E. L. Will, die sich noch einmal mit den Manchinger Amphoren auseinandergesetzt hat, hat das Ende der Einfuhr der Form Dressel 1A um 80/70 datiert. Jüngere Formen sind in Manching unbekannt. Das Ende des Amphorenimports könnte also – wie noch zu zeigen sein wird – den Beginn des wirtschaftlichen Niedergangs von Manching markiert haben.
Es ist nicht ganz klar, ob man aus der Verteilung der Amphorenscherben in Manching auf Areale schließen kann, in denen der Weingenuss eine besondere

Rolle gespielt hat. Es fällt auf, dass es nur sehr wenige fast vollständig erhaltene Amphoren gibt; oft erscheinen die Wandscherben absichtlich zerschlagen. Ritzungen zeigen an, dass man sogar eine ganz bestimmte Scherbengröße erreichen wollte. Wir wissen jedoch nicht, wozu man diese Scherben gebrauchte. Außerdem fällt auf, dass erstaunlich wenige Zapfen erhalten sind. Auch diese wird man anderweitig verwendet haben, z. B. als Stößel oder Webgewichte. Die Scherben müssen also nicht unbedingt dort in den Boden gekommen sein, wo der Wein konsumiert wurde, aber die wertvollen Gefäße blieben vermutlich im Besitz derer, die den Wein gekauft haben. Wenn sich z. B. im Altenfeld die Amphorenscherben am Rande des Hafens häufen, dann mag diese Konzentration auf das sich noch weiter südlich anschließende Viertel verweisen, wo sich auch andere Luxuswaren fanden.

Geht man allgemein davon aus, dass in den Manchinger Amphoren Wein transportiert wurde, so ist nach dem Fund des winzigen Mittelmeer-Fischknöchleins auch nicht auszuschließen, dass man Garum in Amphoren bis nach Manching transportiert hat, wenn auch der Nachweis einer besonderen Amphorenform hierfür in Manching (noch) fehlt.

Campana – Luxusgeschirr aus Ton

Im Gegensatz zu den Amphoren sind von den als Campana bezeichneten Glanztongefäßen nur wenige Exemplare – Fragmente von nur sechs Gefäßen – nach

Abb. 95 Schwarze Glanztonkeramik nennt man nach ihrem Herkunftsgebiet Campana.

Manching gekommen (Abb. 95). Auch diese Ware stammt, wie der Name sagt, aus Kampanien. Kennzeichnend sind der schwarze, glänzende Schlicküberzug und die überaus feine Machart. Schalen, Teller, Tassen und Näpfe unterscheiden sich auch in ihrer Form deutlich von der keltischen Keramik. Dem Gedanken, dass diese Ware vielleicht als Beifracht zum Wein nach Manching gekommen ist, steht entgegen, dass eine bestimmte Campana-Art aus Manching, die als arretinisch bezeichnet wird, im westlichen Mittelmeergebiet fehlt. Sie müsste Manching also über die Ostalpen erreicht haben. Der Import der Campana dürfte wie der der Amphoren im 2. Jahrhundert v. Chr. eingesetzt haben. Im Gegensatz zu diesen bezeichnen die Fundstellen kampanischer

Glanztonware eher deren Nutzung, da die Scherben nicht zu anderen Zwecken verwendet wurden.

Glasgefäße – zerbrechliches Handelsgut

Klein war auch die Gruppe importierter Trinkgefäße aus Glas (etwa 15 Fragmente wurden bisher gefunden) – meist Schalen oder Becher –, die wegen ihrer Zerbrechlichkeit von ganz besonderem Wert waren. Zu unterscheiden ist zwischen einfarbigen blauen Gläsern und mehrfarbigen Glasgefäßen (Abb. 96). Erstere sind opak, also undurchsichtig; bei beiden Gruppen wurde das Glas nicht geblasen, sondern gegossen. Herkunft und Zeitstellung sind noch nicht endgültig geklärt. R. Gebhard und M. Feugère, die die Manchinger Glasgefäße publiziert haben, ziehen für die blauopaken Gläser Italien und Delos als Produktionsstätten in Betracht. Ein aus Delos bekannt gewordener Komplex, der in die Zeit zwischen 125 und 69 v. Chr. datiert, könnte gut mit den Manchinger Funden zusammenpassen.

Die mehrfarbigen Glasgefäße entstanden durch das Verschmelzen farbiger Glasteilchen; man nennt sie auch Mosaikgläser. Hier unterscheidet man wiederum zwischen so genannten Millefiorigläsern, die Blumen- und Sternchenmuster tragen, und Gläsern mit gebändertem, achatähnlichem Muster. Derartige Gläser haben eine lange Tradition, weshalb ihre Datierung und der Ort ihrer Herstellung schwer einzuschätzen sind. Sie wurden im Mittelmeerraum ab etwa dem 3. Jahrhundert v. Chr. produziert und veränderten ihr Aussehen bis in die Römische Kaiserzeit nur wenig. Über die keltischen Befunde sind sie überwiegend ins 2. und 1. Jahrhundert v. Chr. zu datieren. Es fällt auf, dass sie ihren Verbreitungsschwerpunkt in Mitteleuropa (Südbayern, Böhmen, Mähren) haben. Dies könnte unter Umständen wiederum auf einen eher östlichen Handelsweg verweisen. Die Fundpunkte in Manching konzentrieren sich auf diejenigen Viertel, in der die Oberschicht lebte.

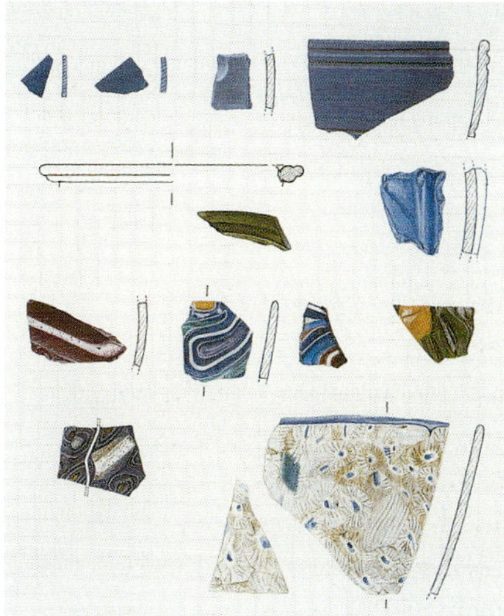

Abb. 96 Besonders wertvoll waren die zerbrechlichen Glasgefäße aus dem östlichen Mittelmeerraum.

Bronzegeschirr – Wein in Eimern und Kannen

Das importierte Bronzegeschirr diente im Wesentlichen dem Weinkonsum, der Bestandteil des traditionellen griechisch-römischen und auch keltischen Gelages

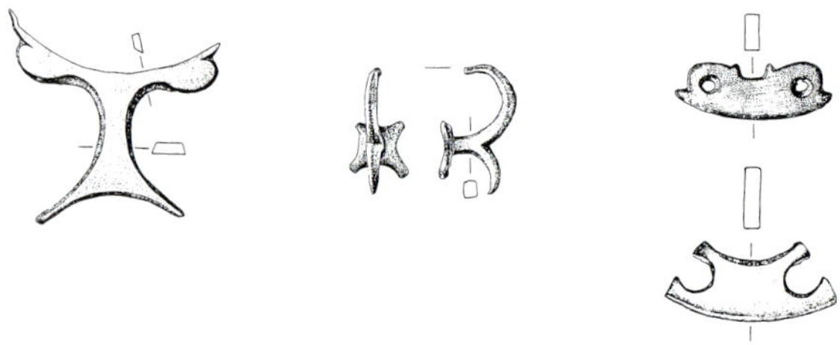

Abb. 97 Details der abgefallenen Henkel und Füßchen (rechts) lassen Rückschlüsse auf die Form des ganzen Gefäßes zu.

(symposium) war. Die herrschende Klasse konnte es sich leisten, sich hierzu wertvolle Gefäße nach sozusagen internationalem Standard zu beschaffen.
In welchem Umfang Bronzegeschirr nach Manching exportiert oder dort hergestellt wurde, lässt sich nur in Umrissen erahnen. War ein Gefäßkörper defekt, wurde er repariert oder kam – wie oben geschildert – als Altmaterial in einen Wiederaufbereitungsprozess. Am häufigsten sind demzufolge die ursprünglich angelöteten Henkel, Griffe und Füßchen erhalten geblieben (Abb. 97), die leicht abfielen

Abb. 98 Dass ein fast vollständig erhaltener bronzener Eimer gefunden wurde, ist eine große Ausnahme.

Abb. 99 Griffende einer so genannten Aylesfordpfanne in Form eines Schwanenkopfes

Abb. 100 Die Hundeköpfe gehörten zu zwei Gefäßen, die man vielleicht zu rituellen Waschungen verwendete.

und verloren gegangen sind. Sind Gefäßkörper mehr oder weniger vollständig überliefert, so ist nach einer Erklärung hierfür zu suchen. Ein Eimer wurde z. B. beim Kiesabbau nördlich des Oppidums gefunden; hier könnte es sich um einen Flussfund handeln, den man vielleicht absichtlich deponiert hat. Ein vollständig erhaltener Becher stammt bezeichnenderweise aus dem Leisenhart-Hort (Abb. 126). Ein kleinerer Eimer, dessen Attaschen entfernt wurden, wurde in einem Brunnen am Südrand der Siedlung gefunden. Auch hier könnte es sich um eine bewusste Niederlegung handeln (Abb. 98). Von jenen Eimern (Situlen), die im Wesentlichen dem Mischen von Wein dienten, sind hin und wieder Henkel und deren Halterung, aber auch Füßchen erhalten geblieben. Aus deren Form ist z. T. auf den Gefäßtyp zu schließen, der dann wieder genauer datiert werden kann. Ähnlich ist der Fall bei Kannen, die ebenfalls zum Weinservice gehörten. Hier wird zwischen den älteren Kannen vom Typ Kappel-Kelheim und den jüngeren Kannen der Typen Ornavasso und Kjaerumgaard unterschieden. Der vollständig erhaltene Henkelbecher mit Efeublattattasche diente zum Weintrinken. Auch von diesen Gefäßen sind meist nur die Attaschen und die als stilisierte Vogelköpfe gearbeiteten Henkelarme erhalten. Das Gleiche trifft für (Wein-)Siebe zu. Recht häufig sind dagegen Daumenplatten und Griffe. Bei Sieben wie bei den so genannten Pfannen, die man zum Reinigen der Hände verwendete, wird diskutiert, ob es sich z. T. nicht auch um einheimische Nachahmungen handeln könnte. Die so genannten Aylesfordpfannen sind flachbodig und besitzen einen langen Stil, dessen umgebogenes Ende in einen Schwanenkopf mündet (Abb. 99). Von Manching sind lediglich in drei Fällen die Schwanenkopfenden erhalten. Bisher

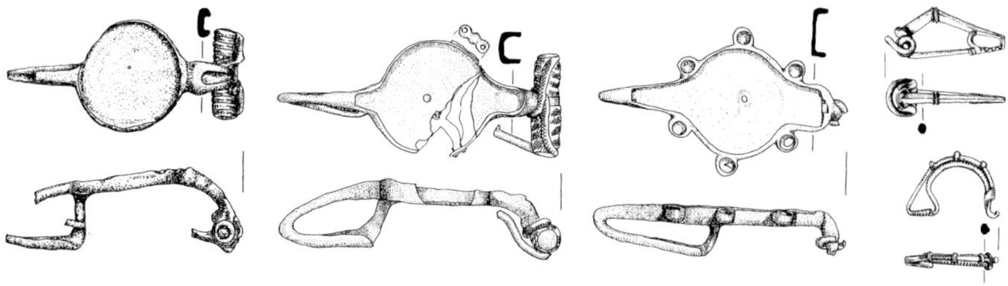

Abb. 101 Aus dem germanischen Raum stammende Fibeln, links aus dem Manchinger Germanenfund

ohne Parallele in keltischen Zusammenhängen ist der Henkel eines amphorenartigen, also ursprünglich zweihenkligen Gefäßes, eine Form, die erst ab der Mitte des 1. Jahrhunderts v. Chr. häufiger belegt ist.
Von den Resten der eigentlichen Behältnisse lassen sich nur wenige einem bestimmten Gefäßtyp zuordnen. Auffälligerweise häufen sie sich im Umkreis des Handwerkerviertels im Altenfeld. Teilweise sind hier die Attaschen gewaltsam entfernt worden, was für eine geplante Wiederverwertung des Gefäßkörpers spricht.
In engem Zusammenhang mit den importierten Metallgefäßen sind die beiden Ausgussbeschläge in Form von Hundeköpfen zu sehen (Abb. 100), die sicher hellenistischen Arbeiten nachempfunden sind. Sie gehörten zu einem kleineren Becken oder Kessel, dessen Funktion nicht klar ist, die aber im weitesten Sinn im kultischen Bereich gelegen haben dürfte.

Ausländische Modetrends

Der Grund für das Vorkommen fremder Trachtelemente in Manching kann unterschiedlicher Natur sein. Entweder haben wir es mit zugezogenen oder durchziehenden Personengruppen zu tun, die an ihrer traditionellen Tracht bzw. deren Utensilien festhielten oder man passte sich fremden Sitten an und beschaffte sich Originale aus dem Ursprungsgebiet der jeweiligen Formen. Als Beispiel für den ersten Fall können der so genannte Germanenfund, eine Kombination von verbrannten Fibeln und Gürtelteilen sowie ein eiserner Gürtelhaken gelten, die in Mittel- und Norddeutschland beheimatet waren (Abb. 101). Auf den ersten Blick könnte dies unter Umständen auch für die reich verzierten, massiven Bronzefibeln des 2. Jahrhunderts v. Chr. zutreffen (Mötschwiler Fibeln), die sich u. a. in den Manchinger Gräberfeldern finden. Sie sind nach Gebhard aufgrund ihrer Form und Maße sicher in der Schweiz, also bei den Helvetiern, hergestellt worden. Normalerweise ist es eher unwahrscheinlich, dass man einen Gebrauchsgegenstand, den man theoretisch auch selbst fertigen könnte, aus der Ferne importiert. Stammt

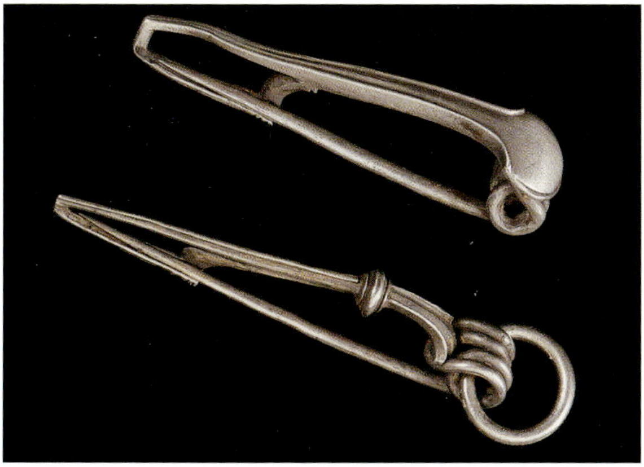

Abb. 102 Die beiden silbernen Fibeln, die zusammen mit einem Knötchenring und einem Schlüssel gefunden wurden, sind aus dem Süden importiert worden.

also ein Teil der Manchinger Bevölkerung ursprünglich aus der Schweiz? Wenn ja, müssten wir auch andere helvetische Trachtbestandteile dieses Zeitraums in Manching finden. Das ist aber nicht der Fall. Die Fibeln scheinen vielmehr ein exklusiver Trachtbestandteil gewesen zu sein, den sich die Oberschicht im Original besorgte, während man diese Form in Manching nur in Eisen herstellte. Ähnlich steht es um die bronzenen, massiv gegossenen Knotenfibeln aus Oberitalien, die man in Manching in Bronze und Eisen kopiert und dabei modifiziert hat. Ein bronzenes Fibelpaar und ein weiteres, wahrscheinlich deponiertes Fibelpaar aus Silber (Abb. 102), dürften ebenfalls aus Oberitalien nach Manching geholt worden sein. Solche Fibeln, in Kombination mit wertvollen Gewändern, werden von den antiken Schriftstellern als diplomatische, also offizielle Geschenke erwähnt. Es besteht aber auch die Möglichkeit, dass sich Fremde gehobenen Standes als Geiseln in Manching aufhielten oder dass man sich Frauen aus anderen Regionen holte, die an ihrer Tracht festhielten.

Krisenzeit am Ende des 2. Jahrhunderts v. Chr.?

Kimbern und Teutonen in Manching?

Wollen wir für Manching von einer Blütezeit sprechen, so ist dies wohl das 2. Jahrhundert v. Chr. gewesen. Wir werden Zeuge eines Ausbaus und einer Erweiterung der Siedlung, die sicherlich mit einem verstärkten Bevölkerungszuwachs einherging. Das blühende urbane Zentrum erwies sich als Magnet nicht nur für die Bevölkerung der Umgebung, es war zentraler Marktplatz, Kultzentrum sowie politische und wirtschaftliche Schaltstelle in der Vermittlung zwischen Ost und West, Nord und Süd. Und doch muss sich gegen Ende des Jahrhunderts eine gewisse Unruhe breit gemacht haben. Wir erfahren durch antike Schriftsteller, dass die Kimbern und Teutonen auf ihren Beutezügen, die auch den boischen, norischen, helvetisch-süddeutschen und gallischen Raum nicht verschont haben, Angst und Schrecken in weiten Teilen der damaligen keltischen Welt verbreitet haben. Hiervon wüssten wir nichts, hätten nicht auch die Römer schmerzvolle Erfahrungen dieser Art gemacht. Erst deren Sieg unter Marius über die Kimbern und Teutonen bei *Vercellae* und *Aquae Sextiae* in den Jahren 101 und 102 v. Chr. brachte Ruhe in die Region. Aber waren wirklich nur diese Völker unterwegs, von denen es heißt, dass sie vor einer Hungersnot an der Küste Jütlands geflohen sind? Vielleicht erfassen wir mit ihnen nur die »Spitze des Eisberges«, und es gab mehrere Völkerverschiebungen. Schriftliche Nachrichten sehen die keltischen Stämme in ständiger Bewegung, was immer wieder zu regionalen Krisensituationen geführt haben wird. Insgesamt täuscht das Bild der im Entstehen begriffenen Oppida wohl eine allzu große Stabilität der Verhältnisse vor. In Manching gibt es an der Wende zum letzten Viertel des 2. Jahrhunderts v. Chr. einige Auffälligkeiten, die, verknüpft man sie miteinander, den Eindruck eines Bruchs im Siedlungsgeschehen hinterlassen.

Die Waffen

Im Zentrum der Siedlung, genauer im Bereich der Zentralfläche, häufen sich in auffälliger Weise große Bruchstücke von Waffen, also Schwertklingen und -scheiden, Teile des Schwertgehänges, Schildbuckel und Lanzenspitzen (Abb. 103). Sie heben sich von den weithin verstreuten kleinteiligen Waffenfragmenten ab, die, abgesehen von einer Konzentration im Handwerkerviertel, allgemein als Verlust-

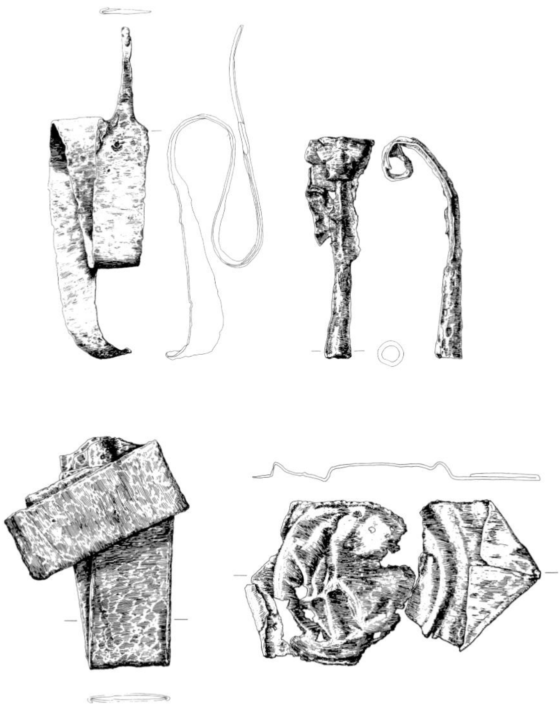

Abb. 103 Vollständige, z. T. verbogene Waffen finden sich nur im Siedlungszentrum.

funde interpretiert werden. Werner Krämer hielt diese Waffen zeitweilig für Zeugen eines Kampfes zwischen Kelten und Römern in Zusammenhang mit der Eroberung Rätiens 15 v. Chr., doch ergab sich erstaunlicherweise ein zeitliches Schwergewicht im 2. Jahrhundert v. Chr. Nach einer Aussonderung handwerklicher Relikte, wie eng gefalteter Klingen oder Halbfabrikate, blieben für die Interpretation dieser Waffenkonzentration nur Krieg oder kultisches Handeln.
Zu Beschädigungen wie Hiebkerben, Brüchen und dergleichen kann es im Verlauf von Kämpfen kommen, aber das Verbiegen von Klingen oder gar Einrollen von Lanzenspitzen kann nur mit kultischen Gepflogenheiten in Zusammenhang gebracht werden. Aus Brandgräbern und auch aus kultischen Deponierungen kennen wir diese Sitte des Unbrauchbarmachens. Hier ist das Waffen- und Gerätedepot aus der Nähe des frühesten und zentralen Manchinger Tempelchens zu nennen. Vor allem im gallischen und belgischen Raum begegnen wir diesem Brauchtum, doch sind die Waffen dort, ähnlich wie beim Manchinger Tempelchen, immer an hervorgehobenen Orten

oder in Gräben deponiert worden; nie finden sie sich über ein weites Gebiet verstreut in Verfüllungen von Vorratsgruben, Brunnen oder in der Kulturschicht der eigentlichen Siedlung.
Es bereitet Schwierigkeiten, diese Manchinger Besonderheit zu interpretieren. Am wahrscheinlichsten erscheint beim gegenwärtigen Forschungsstand, dass Verwüstungen im Zentrum der Siedlung auch einen Bereich in Mitleidenschaft gezogen haben, in dem man Waffen deponiert hatte – ein Heiligtum? Hierfür käme das große Grabengeviert am Ostrand der Zentralfläche infrage, das ausschließlich im 3. und 2. Jahrhundert v. Chr. genutzt wurde. Doch dies ist nicht nachweisbar. Natürlich kann auch ein Teil der Waffen von den Kämpfen selbst stammen. Wie aber kam es zu dem uns überlieferten Fundbild? Normalerweise sammelt man erbeutete Waffen ein und lässt sie nicht liegen. Es ist denkbar, dass die Waffen z. T. unter verstürzten Gebäuderesten zu liegen kamen und mit der Einplanierung des Schutts in die besagten Gruben gerieten oder in der Planierschicht verblieben sind. Sollten die Waffen wirklich aus einem zerstörten Heiligtum stammen, wären sie wohl mit einem Tabu belegt gewesen. Zumindest die einheimische Bevölkerung hätte sich nicht daran vergriffen. Vielleicht hat man sie aus diesem Grund der Erde überlassen, die ja auch als Sitz unterirdischer Gottheiten galt.

Das eiserne Ross

Im Bereich der Fundstreuung der großteiligen Waffen, ja genauer noch, dort wo die mit Sicherheit kultisch verbogenen Waffen lagen, also südlich der bereits mehrfach erwähnten Straße der Zentralfläche, fand man auch die verstreuten Reste eines eisernen Rosses. Im Unterschied zu Pferdedarstellungen, die man aus Gallien kennt, besteht das Manchinger Pferd nicht aus Bronze, sondern aus Eisenblech. Entsprechend stark ist denn auch die Stilisierung der Plastik, von der lediglich der Kopf ohne die Ohren und Reste der stangenförmigen Beine erhalten sind, die sich durch die Andeutung von Hufen als Pferdebeine zu erkennen geben. Die Beinröhren sind in komplizierter Technik miteinander vernietet und verlötet.
Mit gutem Grund wird das Ross als Kultbild interpretiert (Abb. 104). Die einzige Alternative wäre, dass es eine Standarte bekrönte. Feldzeichen in Tiergestalt, meist jedoch Eber, sind uns von keltischen Münzdarstellungen bekannt. Das eiserne Ross von Manching wurde, wie die Masse der Waffen, im 2. Jahrhundert v. Chr. hergestellt. Dies liegt aus stilistischen Gründen nahe, geht aber auch aus den Befunden hervor, in denen die Fragmente zutage gekommen sind. Die Streuung der Einzelteile eines Gegenstandes, den man sicher zuvor sorgfältig gehütet

Abb. 104 Dass man das Ross aus Eisen formte und nicht, wie anderswo üblich, aus Bronze, zeigt u. a., welche Bedeutung das Eisen verarbeitende Handwerk für Manching hatte.

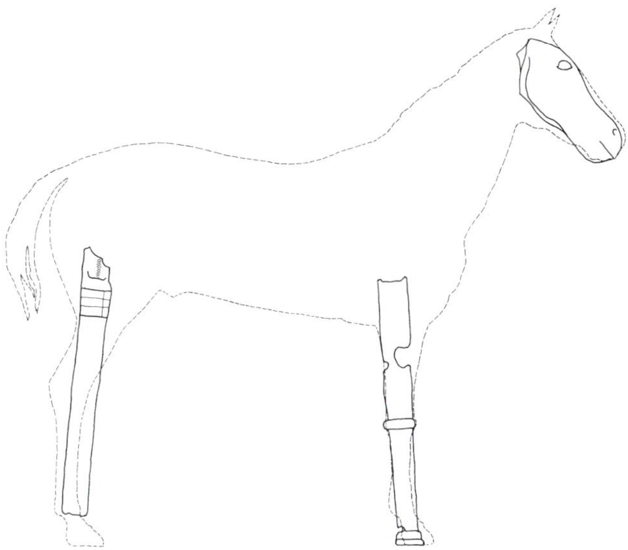

Abb. 105 Phaleren und andere Bestandteile des Pferdegeschirrs verweisen auf die große Bedeutung der Pferde für die Kelten.

hat, legt auch hier einen Zusammenhang mit Krieg und Zerstörung nahe.

Münzhorte, Deponierungen, Traditionsbruch?

Unweit von den Resten des Rosses sind zwei Deponierungen entdeckt worden, von denen allerdings nicht gesichert ist, dass sie in irgendeiner Verbindung mit den Waffen und dem Ross stehen: ein Sammelfund von 12 bronzenen Zierscheiben (Abb. 105), die zum Pferdegeschirr zweier Gespanne gehörten, und die bereits auf S. 79–80 beschriebene bronzene Geldbörse mit sechs Goldmünzen, die im 2. Jahrhundert v. Chr. geprägt worden sind (Abb. 84). Als Besonderheit ist noch ein goldener Fingerring zu erwähnen.
H.-J. Kellner diskutierte die Frage, ob einige der süddeutschen Münzhorte mit einer Katastrophenzeit in Verbindung zu bringen sind. Er wollte dies für Irsching, Gem. Vohburg, Lkr. Pfaffenhofen, Westerhofen, Lkr. Eichstätt und Pollanten, Stadt Berching, die zum Einflussbereich Manchings gehört haben könnten, nicht ausschließen; die Quinarschätze aus dem Oppidum von Manching (Abb. 4) und aus dessen allernächster Umgebung (Ortsteil Pichl) müssten allerdings jünger sein. Inzwischen hat sich die Konzentration von vor allem Gold-Münzschätzen im Umfeld von Manching noch verstärkt.
Wenngleich seine Datierung noch nicht genau genug eingegrenzt werden kann, soll an dieser Stelle auch auf den 1999

Abb. 106 483 boische Goldmünzen und ein Goldklumpen wurden in der Nähe des Hafens in Notzeiten verborgen oder einer Gottheit geweiht.

entdeckten Fund von 483 boischen Stateren und einem 217 g schweren, ringsum befeilten Goldklumpen aufmerksam gemacht werden (Abb. 106). Hinzu kommen drei Bronzeringchen, womöglich vom Verschluss eines Behältnisses aus organischem Material. Die Goldmünzen, die im 2. und 1. Jahrhundert v. Chr. in Umlauf waren, bestehen aus dem relativ reinen böhmischen Gold. Eine Münze wiegt zwischen 7 und 7,5 g. Nach einer fächerartigen Zeichnung auf der Rückseite nennt man sie Muschelstatere. Auf der konvexen Vorderseite ist nur noch schemenhaft ein Kopf zu erkennen, von dem letztlich nur ein Buckel übrig geblieben ist. Vergleichbare Münzen wurden in Deponierungen in Böhmen, aber auch in Italien und in der Schweiz gefunden. Wie kommen diese Münzen nach Manching? Da vor allem im Altenfeld auch andere Gegenstände auf die Boier verweisen, ist es nicht auszuschließen, dass der Münzschatz auf die Bewegungen boischer Stammesteile zurückzuführen ist, dass er also womöglich auch von Boiern vergraben wurde. Er wurde zwischen dem Hafen und dem dichter besiedelten Areal im Altenfeld in einer Pfostengrube verborgen; der Befund wurde nachträglich gestört, sodass die Niederlegung des Schatzes – aus welchen Gründen auch immer – nicht ganz am Ende der Besiedlungsgeschichte Manchings stehen kann. Das nördlich an diesen Befund anschließende Gelände zeichnet sich u. a. durch

eine Häufung einflügeliger Pfeilspitzen und von Resten verkohlter Getreidevorräte aus. Sind dies Anzeichen für eine Brandschatzung?
Noch ist die Aufarbeitung dieser Grabung im Gange, aber es gibt auch andere Hinweise auf einen Bruch im Siedlungsgeschehen am Ende des 2. Jahrhunderts v. Chr. Franz Schubert ist aufgrund seiner Untersuchungen zur Besiedlungsabfolge zu dem Schluss gekommen, dass mit Beginn der spätkeltischen Zeit ein Wechsel in der Ausrichtung der Gebäude stattgefunden hat. Ist man gezielt zu einer Neustrukturierung der Siedlung geschritten oder hat man den Wiederaufbau der teilweise zerstörten und später planierten Siedlung zu einer Neuplanung genutzt? Gerade dort, wo wir besondere Grundrisse erkennen können, bei den Grabengevierten mit Zentralbau, ist, abgesehen vom zentralen Tempelchen, auffällig, dass sie von andersartigen Befunden überlagert werden.

Die Menschenknochen

Mit einer Zerstörung bzw. Eroberung Manchings wurden anfangs auch die Menschenknochen in Verbindung gebracht. Die Anthropologen kamen hier aber zu anderen Ergebnissen als die Archäologen. Beobachtungen an den überraschend zahlreichen Langknochen (z. B. Oberschenkelknochen) haben ergeben, dass man einzelne Knochen dem noch nicht vollständig skelettierten Toten entnommen hat. Man durchschnitt dazu die noch intakten Sehnenansätze und schlug – aus welchen Gründen auch immer – die Gelenkenden ab. Eindeutig wurden diese Knochen erst einige Zeit nach dem Tod entnommen. Vielleicht hielt man einen genau vorgeschriebenen Zeitraum ein, in dem der Tote zugänglich sein musste. Hat man ihn – wie dies bei den Indianern üblich ist – aufgebahrt und damit dem Zugriff von Tieren ausgesetzt oder hat man ihn eine Zeit lang eingegraben? Auffällig ist, dass viele Knochen Spuren von Tierfraß aufweisen. Was geschah aber mit dem restlichen Skelett? Wären die übrigen sterblichen Reste im Boden verblieben, hätte man etwas davon finden müssen. Es ist nun denkbar, dass die nächsten Angehörigen im Rahmen eines Ahnenkultes einen Knochen des Toten aufbewahrt haben – vergleichbar der Funktion einer Reliquie. Offensichtlich galt aber auch hierfür nur eine bestimmte Frist. Denn wir finden die Menschenknochen, abgesehen von einigen auffälligen Häufungen, verstreut über das ganze Oppidum, und zwar vor allem in den obersten Verfüllungsschichten der Gruben und Gräben, die wir mit Planierungen in Verbindung bringen.
Im Übrigen sind unter den Resten der Menschenknochen nicht nur die besagten Langknochen, sondern sämtliche Teile des Skeletts vertreten. Außerdem treffen wir in Gruben und Gräben immer wieder auf Teilskelette, die in halbverwestem Zustand in den Boden gekommen sind (Abb. 107). Sind sie ebenfalls mit dem Totenkult in Verbindung zu bringen? Wurden sie als Opfer von Kämpfen oder Gewalttaten

Abb. 107 Menschliches Teilskelett aus einem Graben im Norden der Altenfeldfläche

nicht eigens bestattet? Wer verbirgt sich außerdem hinter einzelnen, praktisch vollständigen Skeletten, die, da beigabenlos, als Sonderbestattungen bezeichnet werden? Es wurde der Vorschlag gemacht, in den menschlichen Skelettresten innerhalb der Siedlung Bestattungsreste von Unfreien, also von Sklaven, zu sehen. Hier wird man differenzieren müssen. Diejenigen Toten, denen man eigens einen Knochen entnommen hat, hielt man sicherlich in Ehren. Anders mag es bei Skeletten gewesen sein, bei denen dies nicht zu beobachten ist.
Eine hervorragende Bedeutung besaß bei den Kelten der Schädel, in dem man den Sitz des Lebens vermutete. Antike Schriftsteller berichten von einem keltischen Schädelkult. Wir wissen aus schriftlichen Nachrichten, dass die Kelten, wie im Übrigen auch viele andere Völker, im Kampf ihren Feinden den Kopf abhieben. Sie führten ihn einbalsamiert mit sich, bewahrten ihn zu Hause in Truhen auf und zeigten ihn stolz ihren Gästen. Es fehlt in diesen Fällen immer der Unterkiefer, was auch für die so genannten Gesichtsschädel, Gesichtsmasken genannt, zutrifft, bei denen der Hinterkopf gezielt entfernt wurde. Vereinzelt hat man aus der Kalotte sogar Trinkschalen hergestellt. Offensichtlich wurden menschliche Schädel häufig auch an Häusern angebracht, wie uns der antike Schriftsteller Polybios aus Südfrankreich berichtet. Der erfolgreiche Krieger konnte sich so jederzeit ausweisen. Das auffallende Über-

Abb. 108 Ein menschlicher Schädel wurde in einem Brunnenschacht deponiert, als dieser bereits trocken gefallen war.

wiegen männlicher Schädelreste und der ungewöhnliche Variantenreichtum an Schädelformen beweist, dass die Manchinger Krieger durchaus erfolgreich waren und auf ihren Kriegszügen weit herumgekommen sind. Andere Schädel, bei denen der Unterkiefer erhalten ist, sind mit dem beschriebenen Totenkult in Verbindung zu bringen. Hier und da ist sogar ein Zusammenhang mit Weihungen zu erwägen, etwa im Falle einer Deponierung gemeinsam mit zwei vollständig erhaltenen Gefäßen und einigen Tierknochen tief unten in einem Brunnenschacht. (Abb. 108). Das jüngst entdeckte Ensemble von acht Schädeln von Kindern oder jungen Erwachsenen unterschiedlichen Geschlechts, bei deren Deponierung das zuvor dort vergrabene Skelett eines Kindes gestört worden ist (Abb. 109), zeigt vielleicht, wie wir uns die der Zerstreuung vorausgehenden Vorgänge vorzustellen haben. Demnach wurden die menschlichen Reste nach ihrer Zurschaustellung an geeignetem Ort nachträglich »bestattet« und erst später, im Zuge von tiefer greifenden Planierungen weithin zerstreut. Einen solchen Vorgang könnte ein benachbarter Grubenkomplex im Süden der Nordumgehung belegen, in dem verstreut u. a. 21 Schädelfragmente gefunden wurden, die sich zu zwei Schädeln zusammensetzen ließen.
Keinesfalls kann man also die Menschenknochen nur einer Zeitphase, gar einem Ereignis zuweisen oder mit nur einem

Abb. 109 Die Deponierung so vieler menschlicher Schädel kann nur als nachträgliche Bestattung interpretiert werden.

einzigen kultischen Brauch in Verbindung bringen. Sie sind auch nicht nur einer einzigen Gesellschaftsschicht zuzuordnen. Die vielgestaltigen Manchinger Befunde verbieten hier einstweilen verallgemeinernde Aussagen. Allerdings ist bei allen Überlegungen zu berücksichtigen, dass in Süddeutschland während des 4.–2. Jahrhunderts v. Chr. die Zahl der Bestatteten im Vergleich zur Größe der Siedlungen nur sehr gering war. Es wurden also nie sämtliche Mitglieder der Gesellschaft so bestattet, dass sie heute mit archäologischen Methoden aufgefunden werden. Ab dem Ende des 2. Jahrhunderts v. Chr. kennen wir nur noch ganz vereinzelt Gräber. Die menschlichen Skelettreste aus Manching könnten eine Antwort auf zahlreiche Fragen zu diesem Komplex bereithalten.

Der Befestigungsring

Die Errichtung einer Stadtmauer kam nicht von ungefähr, und sie erfüllte nicht nur eine einzige Funktion. Um eine Stadtmauer von über 7 km Länge zu erbauen, die 380 ha umschloss, mussten aber auch bestimmte Voraussetzungen erfüllt sein. Mit dem Bau der Manchinger Stadtmauer wurde begonnen, als die durch Flüsse, Bäche und Moore geschützte Siedlung schon fast 200 Jahre lang bestand. Folgte der Mauerring mit seiner auffallend runden Form einer schon länger feststehenden Siedlungsgrenze oder handelte es sich um eine Neukonzeption? Im Süden des Oppidums wird der Wall auf seiner Innenseite von einem Gräbchensystem begleitet, das eine Straße flankieren könnte und im Großen und Ganzen parallel zum Wall verläuft, wenn auch der Abstand zwischen beiden Linien leicht variiert (Abb. 110). Wäre das Gräbchensystem zeitgleich oder später errichtet worden, wäre ein präziserer Bezug zum Wall zu erwarten. Wir können also nicht ausschlie-

Abb. 110 Nahezu parallel zur Stadtmauer verlaufende Gräbchensysteme könnten Relikte einer ersten Umgrenzung der Siedlung sein.

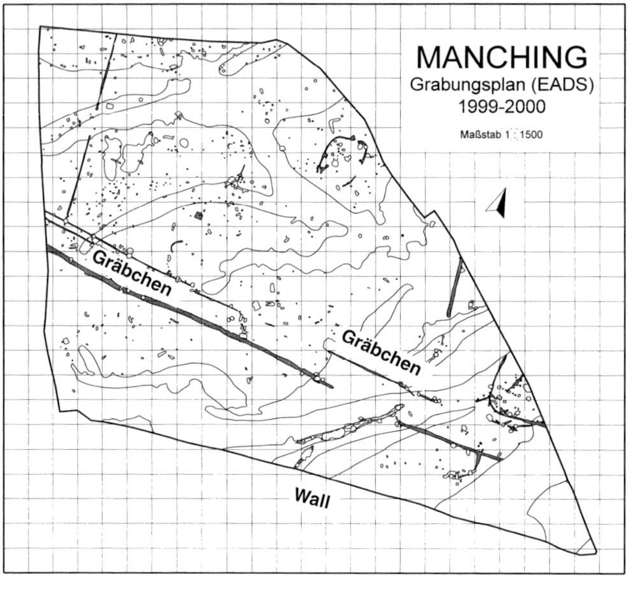

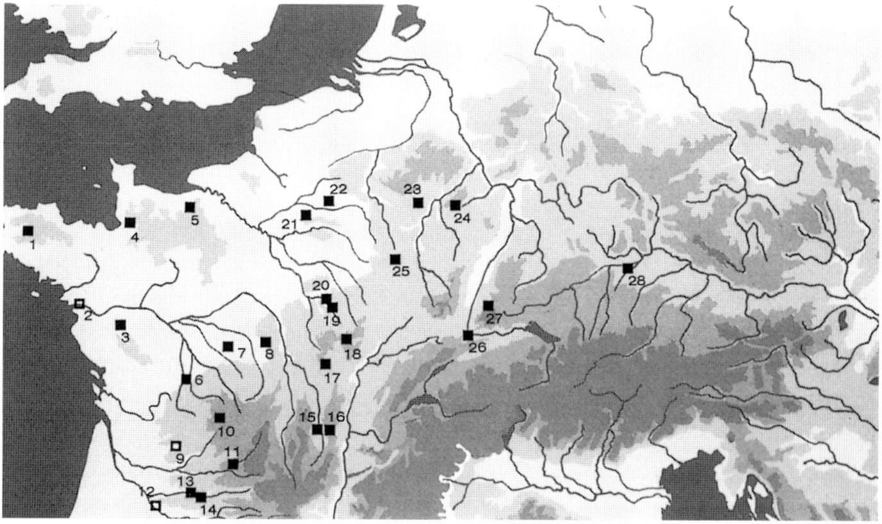

Abb. 111 In Manching findet sich die bislang östlichste Stadtmauer in Form eines *murus Gallicus*. War Manching Vorbild oder östlicher Ausläufer einer westkeltischen Bauweise?

ßen, dass die Größe und der Umriss der Siedlung schon im 3. oder 2. Jahrhundert v. Chr. feststanden und von einem Graben, einem Zaun oder einer Hecke markiert worden sind.

Von den Etruskern ist bekannt, dass eine Siedlungsgründung nach festen Regeln vorgenommen wurde. Das Zentrum *(mundus)* wurde durch eine Opfergrube symbolisiert. Ein unbebauter Streifen *(pomerium)* kennzeichnete die Begrenzung nach außen, die durch eine einfache Ackerfurche festgelegt sein konnte. Ähnliche Vorgänge sind in Manching ohne weiteres vorstellbar.

Der Ausbau der Siedlungsgrenze zu einer Stadtmauer setzte einen Beschluss und dessen Umsetzbarkeit voraus. Das Baumaterial (Holz, Steine, Erde) musste verfügbar sein, es musste herantransportiert werden, wozu sich besonders der Wasserweg anbot, die Rohstoffe mussten zugearbeitet werden, und die einzelnen Arbeitsgänge waren aufeinander abzustimmen. All das setzte eine übergeordnete Organisation voraus.

Es stellt sich aber nicht nur die Frage nach dem Wie, sondern auch nach dem Warum. Von unruhigen Zeiten gegen Ende des 2. Jahrhunderts v. Chr. war bereits die Rede. Gab es eine akute Bedrohung, die den Bau der Stadtmauer veranlasste. Reagierte man auf eine vorausgegangene Zerstörung? Oder verfolgte man vor allem repräsentative Zwecke? Vielleicht sollte ja die Häufung zentraler Einrichtungen, durch die Manching zu einer Art Metropole wurde, für alle Ankommenden sichtbar dargestellt werden? Architektur besaß und besitzt schon immer eine Doppelfunktion, insbesondere für die Herrschenden. Dies kommt in Manching vor allem durch die Monumentalität der zangenförmigen Toranlagen zum Ausdruck.

Die Manchinger Stadtmauer gehörte nicht nur zu den frühesten, sie zeichnete sich auch, zumindest östlich des Rheins, durch eine ganz besondere Art der Mauerkonstruktion aus: den *murus Gallicus* (Abb. 111). Woher kam die Idee, eine solche Mauer und Zangentore zu errichten? Vor allem im 2. Jahrhundert v. Chr. aus dem Mittelmeerraum zurückkehrende Gruppen, u. a. Söldner, sind mit den damals modernsten Befestigungsbauten in Berührung gekommen, die vielfach ganze Städte umschlossen. Auch zangentorartige Anlagen können sie dort gesehen haben. Jedoch neigten die Kelten nicht dazu, irgendetwas einfach zu kopieren. Sie werden also, auch was die Stadtmauern betrifft, neue Ideen und den traditionellen Festungsbau miteinander in Einklang gebracht haben. Die Vielzahl der in der keltischen Welt angewandten Mauerbautechniken macht schon klar, dass es kein festgelegtes Muster gab.

Planung und Errichtung der Stadtmauer

War der Verlauf der Mauer womöglich durch eine einfache Begrenzung bereits vorgegeben, so bedeutete dies noch lange nicht, dass man dieser Linie einfach folgen konnte. Probleme bereiteten z. B. die den Südteil des Areals querenden Bäche oder Unebenheiten des Geländes, die auf Altarme der Donau zurückgehen. Nur dort, wo Ausgrabungen am Wall stattgefunden haben, befinden wir uns mit unseren Rekonstruktionen auf sicherem Boden; die sich am Osttor so klar abzeichnende Abfolge zweier Mauertypen hat sich mehrfach bestätigt, wenngleich drei Mauerphasen nur am Osttor selbst eindeutig nachzuweisen waren. Mehrere Grabungen haben den Verlauf und den Aufbau der Mauer in ihrem Nord-, Süd- und Ostteil erschlossen.

Auf dem Schwemmfächer der Paar, also am Westrand der Siedlung, folgte die Mauer dem Lauf des Flüsschens und zog womöglich dort, wo die »Dürre Au« gegen die Donau abgegrenzt war, nach Osten. Im Bereich der so genannten Steinau sind Reste des Walls erhalten. Wir wissen, dass der Donaualtarm »Dürre Au« an seinem Ostrand einen Zugang zur Donau hatte und als so genanntes Stillwasser einen idealen Schiffslandeplatz bot. Überbrückt werden musste die so genannte Lausgrub (Suhlloch), eine heute noch feuchte Stelle im Verlauf eines Donaualtarmes, in der ein Pollenprofil gewonnen werden konnte. Die Stadtmauer war hier mit Sicherheit unterbrochen. Vielleicht bot das sumpfige Loch Schutz genug? Präzise Hinweise auf ein Tor, das nach Norden und Nordosten führte, dem Verlauf eines oder mehrerer Wege folgend, gibt es nicht, wenngleich einige Stellen dazu prädestiniert scheinen. Vielleicht begnügte man sich hier aber auch mit einem einfacheren Tor, das sich, anders als ein Zangentor, im Wallverlauf nicht ohne weiteres abzeichnet. Auch mit nachträglich zugesetzten Toren ist zu rechnen. Im Osten musste die Mauer einige feuchte Niederungen queren, die man vermutlich zuvor aufgefüllt hatte, um die Mauer darüber legen zu können. Hier verließ ursprünglich auch der von Südwesten in Richtung Nordosten querende Igelsbach den Siedlungsbereich. Die Manchinger Kelten machten aus der Not eine Tugend. Wie schon frühzeitig vermutet und von M. Peters neuerdings bestätigt, hat man den Igelsbach, der in die Donau mündete, aber auch den Egelgraben so umgeleitet, dass sie vor der Stadtmauer einen Wassergraben bildeten. Den Aushub nutzte man zum Mauerbau. Der Igelsbach mündete fortan in die Paar. Hieran allein schon zeigt sich eine ausgeklügelte Stadtplanung, die auch auf die fortifikatorischen Aspekte Rücksicht nahm. Die Stadtmauer sollte also auch wirklich schützen, nicht nur beeindrucken.

Bedenkt man, dass vor allem der Südostteil des Geländes von zahlreichen Senken durchzogen war und z. T. noch bis in die Neuzeit ein sumpfiges Gelände darstellte, fragt man sich, weshalb man den Mauerverlauf nicht nördlich des nur zu begradigenden Igelsbaches gewählt hat. Soviel wir heute wissen, war das innen an die Stadtmauer angrenzende Gelände niemals dichter besiedelt und diente vor allem der landwirtschaftlichen Nutzung, in Notzeiten wohl als Zufluchtsort. Folgte die Stadtmauer einer bereits älteren Konzeption der Siedlung, die sich in den mauerparallelen Gräbchensystemen spiegelt, dann hat man sehr bewusst eine Siedlung von rundem Grundriss angelegt, dem mit Sicherheit ein hoher Symbolgehalt zukam. Das nahezu im Zentrum dieses Kreises gelegene alte Heiligtum, dessen drei Bauphasen immerhin zwei Rundbauten aufweisen, könnte in Bezug zur Siedlungsgründung gestanden haben. Manching als Zentralort mit einer diesen Aspekt auch bildlich darstellenden Symbolik wäre somit für ein kultisches Zentrum geradezu prädestiniert gewesen.

Berechnungen von H.-J. Köhler haben ergeben, dass in der ersten Stadtmauer, also im *murus Gallicus*, 6900 m^3 Steine, alleine in der Front, 11 000 fm Holz und 2 t Nägel verbaut worden sind; 90 000 m^3 Erdreich und Steine benötigte man zur Füllung der Mauer, dazu kamen 100 000 m^3 Erdreich für die Rampe. H. Lorenz kam bei seinen Berechnungen auf noch höhere Zahlen, bei den Nägeln z. B. auf 7,5 t. Einprägsam ist seine Schilderung von den benötigten Erd- und Steinmassen. So würde man für deren Transport 300 Eisenbahnzüge mit jeweils 50 Waggons, von denen jeder 35 t fasste, benötigen. Nach den Geologen R. Streit und M. Trappe hat man die für die Verblendung der Mauerfront benutzten Kalksteine in der Gegend um Neuburg a. d. Donau bzw. auf den Höhen der Südlichen Frankenalb gebrochen und vermutlich auf Flößen herangebracht. Die dort siedelnden Kelten waren mit Sicherheit in diese Arbeiten eingebunden und mussten zuliefern. Auch das Holz musste aus der weiteren

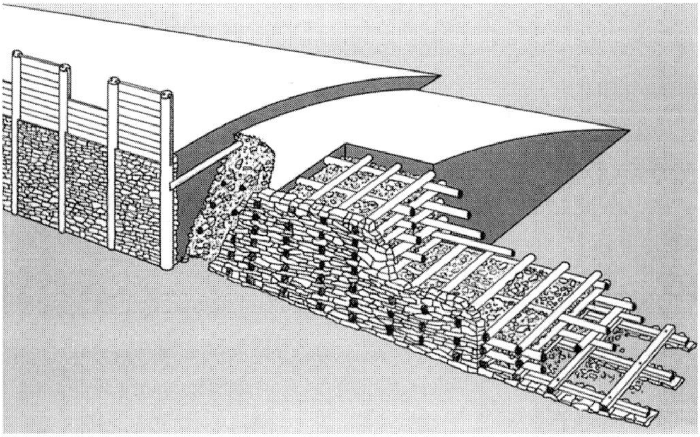

Abb. 112 Schema der Konstruktion der Stadtmauer. Auf den so genannten *murus Gallicus* folgten ein bzw. zwei Pfostenschlitzmauern.

Umgebung herangeschafft werden. In erster Linie hat man Eichenholz verbaut. Da kräftige Balken vonnöten waren, ist davon auszugehen, dass rings um Manching ein regelrechter Kahlschlag stattgefunden hat. Auch hier bot sich der Transport auf dem Wasser an.

Alle Arbeiten mussten Hand in Hand erfolgen. Bei der Länge der Mauer ist mit verschiedenen Bautrupps zu rechnen. Vielleicht spiegeln die Knicke im Mauerverlauf solche Nahtstellen. Zuerst war der Baugrund einzuebnen bzw. auszugleichen, danach wurde das horizontal verlegte Gerüst des *murus Gallicus* Lage für Lage aufgebracht (Abb. 112); in den unteren Ebenen wurden die Balkenkreuzungen mit eigens hergestellten, bis zu 30 cm langen Nägeln (so genannten *murus-Gallicus*-Nägeln) vernagelt, die Zwischenräume des 4 m breiten Mauerkerns anschließend mit Kalksteinen und Geröll verfüllt. Von der Siedlungsseite wurde Erde zu einer 9 m breiten Rampe angeschüttet. Das Material dafür wird man vor und hinter der Mauer abgegraben und auch Planierungen entnommen haben, wie Funde zeigen. Schaufeln, Säcke, Körbe sowie Wagen hat man zur Beschaffung und zum Transport benötigt.

Schließlich wurde die Außenfront mit weiß leuchtenden Kalksteinen verblendet, zum Schluss sägte man die Balkenenden ab, die man zuvor noch als eine Art Baugerüst für die immerhin 4–6 m hohe Mauer inklusive einer hölzernen Brustwehr, nutzen konnte. Dieser von Cäsar beschriebene Mauertyp hatte den Vorteil, dass er kaum zu zerstören bzw. in Brand zu stecken war. Er war aber, begannen die Balken zu vermodern, nicht ohne weiteres reparierbar. Deshalb blendete man später eine so genannte Pfostenschlitzmauer vor, die man rückwärtig in der alten Mauer verankerte (Abb. 112). Der Name erklärt sich aus den Schlitzen, die

die vergangenen Pfosten in der Steinfront der Mauer hinterlassen haben. Pfostenschlitzmauern kennzeichnen den einheimischen Typ der keltischen Stadtmauer. Ob in der Mauer regelrechte Wehrtürme saßen, wie es sich für vereinzelte andere Oppida abzeichnet, müssen künftige Grabungen erweisen.
Was die menschliche Arbeitskraft betrifft, so haben Berechnungen von H. Lorenz ergeben, dass 2000 Menschen 250 Tage für dem Bau des *murus Gallicus* gebraucht haben würden. Abgesehen davon, dass wir nicht wissen, wie viele Menschen damals in Manching gelebt haben und ob sich nur diese am Bau der Stadtmauer beteiligt haben, ist völlig offen, wie lange man sich Zeit ließ, ob man überhaupt unter Zeitdruck baute. Hätte man sich dann die Mühe gemacht, Bäche umzuleiten? Auf jeden Fall muss eine größere Anzahl von Menschen ausschließlich mit dem Bau der Stadtmauer beschäftigt gewesen sein. Sie musste von der Gemeinschaft ernährt werden, womöglich war für ihre Unterbringung zu sorgen. Vielleicht handelte es sich z. T. um Unfreie, die einer Bewachung unterstanden. Es bestand Bedarf an Handwerkern, vor allem an Zimmerleuten und Schmieden, aber auch an solchen, die etwas von Steinen verstanden. Und schließlich müssen wir eine Art Bauplanung und erfahrene Vorarbeiter voraussetzen. Vielleicht mussten die einzelnen Clans oder Familien, die in den großen Gehöften lebten, jeweils bestimmte Kontingente an Menschen und Material zur Verfügung stellen.

Das Osttor

Besondere Sorgfalt verwendete man auf den Torbau. Sichtbar sind im Gelände nur das noch gut erhaltene Südtor und das 1962–1963 von Rolf Gensen gegrabene und später von Dorothea van Endert publizierte Osttor (Abb. 113). Darüber hinaus ist ein Übergang über die Paar im Westen mit einem Tor zu erwarten; ein nach Norden führendes Tor, das eine Wegeführung parallel zur Wasserstraße vorausgesetzt hätte, könnte durch spätere Wassereinbrüche in die »Dürre Au« zerstört worden sein. Rätselhaft ist das Fehlen eines Tores in Richtung Nordosten, wo wir eine Hauptstraße vermuten. Es soll hier nochmals die Möglichkeit betont werden, dass nicht alle Tore als im Gelände heute noch auffällige Zangentore angelegt worden sind.
Das Osttor bestand aus einer 12 x 12 m messenden Torgasse, wo der Feind »in die Zange genommen« werden konnte (Zangentor), und einem diese Gasse abschließenden, gleichfalls 12 m langen Torhaus, das aus Eichenstämmen gebaut und – aufgrund der mächtigen Pfosten – sicher zweistöckig war. Vielleicht hat es einen turmartigen Eindruck hinterlassen. Zwei 3 m breite Fahrspuren führten in die Siedlung, deren Fahrrinnen auf eine Spurbreite der Wagen von nur 1,10–1,15 m schließen lassen. Wie die Stadtmauer in Tornähe wies auch das Osttor drei Bauphasen auf; nur während der ersten war die Durchfahrt mit Kalksteinen gepflastert. Drei mächtige Pfosten waren dem Torhaus vorgelagert. Dienten sie dem zusätzlichen Schutz der Anlage?

Abb. 113 Modell des Osttores in seiner ersten Bauphase (Entwurf D. van Endert/U. Timper)

Mehrere Besonderheiten kennzeichnen die zweite Bauphase. Als Bauopfer wird ein unter der südlichen Durchfahrt deponiertes Skelett eines etwa 6-jährigen Kindes interpretiert. Es war in Hockerlage niedergelegt worden. Das Fehlen des rechten Unterschenkels wird mit den in Manching auch sonst beobachteten Riten in Verbindung gebracht. Vor dem Tor stand ein einzelner ziemlich zentral platzierter Pfosten, dessen Basis in einer geflochtenen Holzkonstruktion saß. Davor wiederum, den Torzugang vollständig absperrend, hat man eine an den Rändern mit Eichenbohlen verstärkte Fallgrube, also ein Annäherungshindernis, angelegt, das als Holzkastensperre bezeichnet wird. Zwei dort aufgefundene Menschenschädel könnten ursprünglich an dem Einzelpfosten oder am Tor befestigt gewesen sein, dazu kommt ein Oberschenkelknochen. Die Holzkastensperre, deren Hölzer das Fällungsdatum 105 ± 6 v. Chr. erbrachten, verweist auf eine akute Gefahr für das Oppidum, die irgendwann in dieser Zeit bestanden haben muss.
In seiner dritten und letzten Bauphase wurde das Torhaus in etwas leichterer Bauweise aufgeführt, d. h. man verwendete weniger tragende Pfosten. Es ist abgebrannt, der Bauschutt wurde an Ort und Stelle belassen, was besagt, dass man den Weg, der durch das Torhaus geführt hatte, nicht mehr genutzt hat. Bedeutete der Brand des Osttores gleichzeitig das Ende der Siedlung? Hierauf wird zurückzukommen sein.

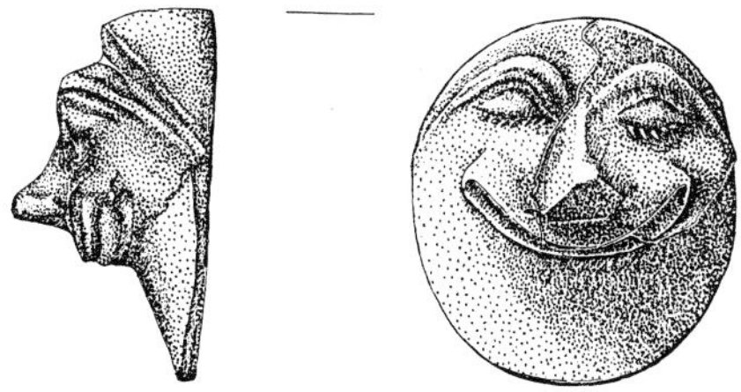

Abb. 114 Die stark rekonstruierte Silensmaske aus Bronze dient heute zur Markierung des Wanderweges zum Osttor.

Immer auf der Wacht

Nicht gerade zahlreich sind die Gegenstände, die im Bereich des Tores verloren gingen. Doch sie geben uns eine Idee davon, was sich einst hier abgespielt hat. Tag und Nacht musste das Tor bewacht werden. Mit aufgepflanzten Lanzen, von denen hin und wieder ein Lanzenschuh im Steinpflaster oder im Morast stecken blieb, werden Krieger den Ein- und Ausgang kontrolliert haben. Natürlich haben sie sich dort auch verpflegt, wobei das eine oder andere Gefäß zu Bruch ging oder ein Messer abbrach. Dass ein reger Betrieb mit Pferd und Wagen stattfand, ist an zwei Zügelringen zu erkennen, die sich, vielleicht beim Ausspannen der Pferde, vom Joch gelöst haben. Hat man hier Fremde nach Schmuggelware durchsucht, die eigentlich hätte verzollt werden müssen? Gingen bei der Leibesvisitation einige Fibeln und ein Sapropelitarmring zu Bruch? Eine bronzene Waagschale könnte dazu gedient haben, Falschgeldzufuhr zu ermitteln oder von Fremden einen Obolus abzukassieren, der ihnen den Zutritt zur Stadt erlaubte. Die Silensmaske (Abb. 114), Fragment einer Kapsel, die vielleicht als Anhänger getragen wurde, hatte sicherlich unheilabwehrende Wirkung. Sie wurde unmittelbar vor der Holzkastensperre gefunden. Ging sie bei einem Kampf verloren?

Wenn auch all diese Überlegungen rein spekulativ sind, so werden sich die Vorgänge im Umfeld von Stadttoren durch alle Zeiten nicht wesentlich voneinander unterschieden haben.

Das Oppidum (Ende 2. bis Mitte 1. Jahrhundert v. Chr.)

Die deutsche Forschung verwendet den Begriff Oppidum für spätkeltische befestigte Großsiedlungen. Wir sprechen also vom Oppidum von Manching erst ab dem Ende des 2. Jahrhunderts v. Chr., wenngleich sich die inneren Strukturen durch den Bau der Stadtmauer nicht grundsätzlich verändert haben. Der Althistoriker Frank Kolb hat als Kennzeichen einer Stadt folgende Punkte genannt, die, wie bereits F. Maier gezeigt hat, allesamt auf Manching zutreffen:

1. topographische und administrative Geschlossenheit der Siedlung
2. Bevölkerungszahl von mehreren Tausend Einwohnern als Voraussetzung für
3. ausgeprägte Arbeitsteilung und soziale Differenzierung
4. Mannigfaltigkeit der Bausubstanz
5. urbanen Lebensstil
6. Funktion der Siedlung als Zentralort für ein Umland

Neukonzeption?

Welche Veränderungen können wir mit archäologischen Methoden am Ende des 2. Jahrhunderts v. Chr. nachweisen? Wie wir gesehen haben, waren ja die urbanen Grundstrukturen bereits vorhanden. Schuberts Untersuchungen zur Maß- und Entwurfslehre keltischer Holzbauten haben ergeben, dass in Manching mit einem älteren, auf einfachen Grundrissen basierenden Bauprinzip und einem jüngeren, komplizierteren zu rechnen ist, das aber das ältere nicht einfach abgelöst hat; dies erschwert zeitliche Zuordnungen. Dennoch wird deutlich, dass die jüngeren Bauformen, denen allgemein ein Zug zum Monumentalen anhaftet, bereits im 2. Jahrhundert v. Chr. entwickelt worden sind. Auch die Gliederung in einzelne, teils deutlich voneinander abgetrennte Gehöfteinheiten ist nicht neu. Insofern kann man auch die Frage anders herum stellen: Hat die zunehmende Urbanisierung Manchings nach einer äußeren, demonstrativen Form verlangt? War die Stadtmauer das sprichwörtliche Tüpfelchen auf dem i?

Straßen und Plätze

Die Wege und Straßen orientierten sich anfangs, wie wir gesehen haben (vgl. S. 37–39), an natürlichen Gegebenheiten. Die alte, vorkeltische Donau-Süd-Straße wird aber auch in der Spätzeit weiterbenutzt worden sein. Sie verlief mitten durch die

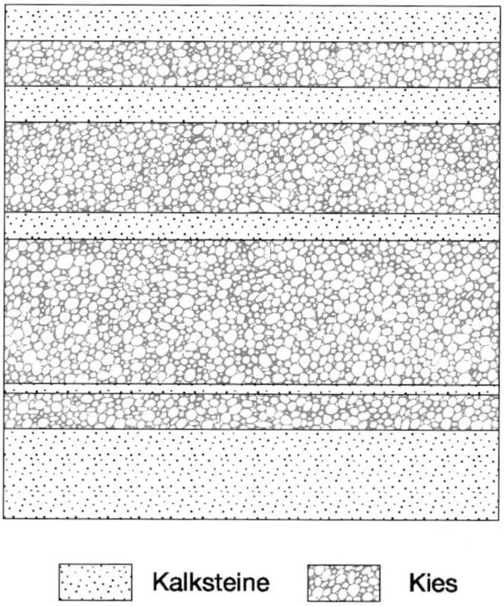

Abb. 115 Besaß Manching einen gepflasterten Markt- oder Versammlungsplatz? Ein Rätsel geben die unregelmäßigen Streifen auf.

Siedlung und führte wahrscheinlich zum Osttor. Oder nutzte sie einen trockeneren Bereich auf der Niederterrasse, weiter im Nordosten, wo noch kein Tor festgestellt werden konnte? Diese Frage muss einstweilen offen bleiben. Andere frühe Wege verliefen entlang von Bachläufen, wie die von Gebäuden des älteren Bauschemas gesäumte Straße in der Zentralfläche. Sie blieb ebenfalls dauerhaft in Nutzung. Jüngeren Datums scheint dagegen die das Altenfeld querende Straße zu sein; sie überlagert ältere Baubefunde und war, zumindest streckenweise, von Gräben begrenzt. In welcher Form man diese Wege befestigte, ist unklar. Reste einer Schotterung oder Pflasterung, wie wir sie vom Osttor kennen, sind nicht erhalten.

Die Neuanlage von Wegen und Straßen und damit auch von Grundstücksgrenzen könnte mit einer großräumigen Bauplanung in Zusammenhang stehen. Schuberts Beobachtungen anhand der Zentralfläche und der Südumgehung haben ergeben, dass die großen Gehöftkomplexe des Siedlungszentrums von ihrer Ausrichtung her einem älteren Siedlungsstadium angehören als die im Winkel dazu gedrehten Baueinheiten, die den Südteil der Südumgehung kennzeichnen. Nur in Ausnahmefällen, etwa an Plätzen mit kultischer Tradition, beobachtete er ein Festhalten an der herkömmlichen Ausrichtung, wobei die Anlage von Kultbauten, auch was ihre Orientierung betrifft, sicherlich festen Regeln gehorchte. Von einer kompletten Neuanlage kann also nicht die Rede sein, wie wir gesehen haben.
Auch das von Anfang an unbebaute Areal westlich des zentralen Tempelchens (vgl. oben) behielt offensichtlich seine Funktion. Es wurde mit einem 50 x 80 m großen Steinpflaster bedeckt, welches aus abwechselnden Streifen von Kalksteinen und großen Kieseln bestand (Abb. 115). Diese Streifen waren unterschiedlich breit, ohne dass sich hieraus ein System ablesen ließe. Wann aber wurde das Pflaster angelegt? Zu einem Zeitpunkt, zu dem große Massen an Kalksteinen in die Siedlung kamen? Also beim Bau der Stadtmauer? Den Nachweis müssen wir schuldig bleiben. Es könnte sich theoretisch auch um eine jüngere Einrichtung handeln, doch wird von römischen Funden berichtet, u. a. einem Grab, das in das

Pflaster eingetieft war. Eine spätkeltische Zeitstellung bleibt somit am wahrscheinlichsten. Der Platz dürfte weiterhin als Versammlungs-, aber auch als Marktplatz für die ganze Region genutzt worden sein. Sicherlich wird man mit weiteren öffentlichen Plätzen zu rechnen haben. Ob ein zweites Steinpflaster, nordöstlich vom eben genannten, ähnlich interpretiert werden kann, ist unklar; es wurde gleichfalls beim Flughafenbau aufgedeckt.

Kult- und Profanbauten

Die Besonderheiten der Bebauung der spätkeltischen Zeit erschließen sich am klarsten anhand der Nordumgehung (Abb. 116–117). Auf das vielleicht während des Mauerbaus erweiterte, etwas unregelmäßig angelegte Gehöft, das durch zahlreiche Speicherbauten und eine Häufung von Vorratsgefäßen charakterisiert war, folgte eine Erneuerung der Bebauung, die nunmehr streng rechtwinklig aufeinander bezogen war. Nach Süden war das Gelände durch einen Zaun abgegrenzt. Dies könnte am Ende des 2. Jahrhunderts v. Chr. im Zuge einer allgemeinen Neuorientierung geschehen sein, wobei man die Ausrichtung der Bauten allerdings nur unwesentlich veränderte. Damals erweiterte man das Gehöft in Richtung Norden; daran im Anschluss lagen nach wie vor die Felder.
Am Hang zur »Dürren Au«, also in Hafennähe, entstand gleichzeitig eine relativ dichte Bebauung, die nicht landwirtschaftlich ausgerichtet war. Zumindest sind Speicher hier ausgesprochen selten. Eine Häufung von Waffenteilen lässt an eine Sicherung dieser besonders gefährdeten Stelle denken. Auch Stapelplätze oder Herbergen kommen infrage, finden sich doch auch hier einzelne Gegenstände gehobenen Lebensstandards.
Alle genannten Grundrisse sind als profan anzusehen. Es handelt sich um Wohn- und Wirtschaftsbauten. Langhäuser fehlen ebenso wie repräsentative Großbauten. Trotzdem zeichnet sich im Süden der Nordumgehung ein 74 m^2 großes Hauptgebäude ab, dem einer der in Manching seltenen Keller zuzuordnen ist. Verbrannte Bestandteile vom Wagen und von Pferdegeschirr lassen einen gewissen Reichtum erkennen; Eisen und Bronze wurden hier verarbeitet.
Bei den als Tempelchen oder Sonderbauten angesprochenen Gebäuden der Frühzeit der Siedlung (vgl. S. 31–34) kann man, was die Bautradition betrifft, die immerhin bis in die spätkeltische Zeit reichte, auf den dreiphasigen zentralen Tempelkomplex verweisen. In zwei weiteren Arealen scheint zumindest die kultische Tradition fortbestanden zu haben: in dem von Schubert als Heiligtum bezeichneten Bereich der Südumgehung und dem Zentralteil der Altenfeld-Grabung. Hier wurden jeweils ganz in der Nähe der frühen Sonderbauten, diese teilweise sogar überlagernd (Altenfeld), relativ großräumige Gebäude angelegt, die dem von Schubert als jünger erkannten Bauschema entsprechen. Momentan sind präzise Angaben zur Zeitstellung jedoch verfrüht. Schubert schlug für einige der von ihm

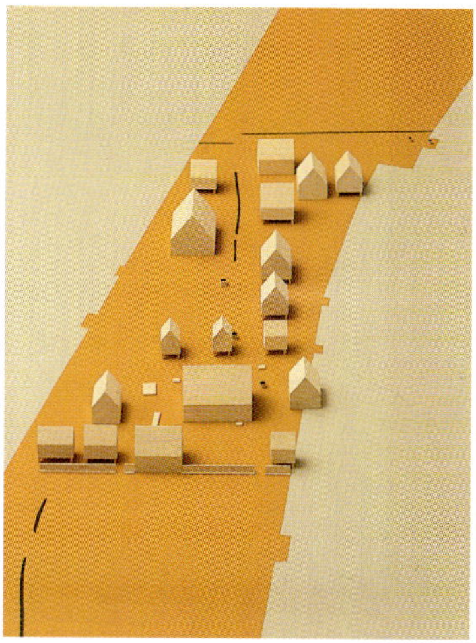

Abb. 116–117 Modell der Bebauung im Süden (Abb. 117) und am Nordrand (Abb. 116) der Nordumgehung um 100 v. Chr. (Entwurf H.-J. Köhler)

gegrabenen Bauten sogar eine Innenaufteilung vor. Er sprach von einer *cella*, von Chorschranken und Fundamenten für Götterbildnisse. Der Fundstoff des von ihm so eindeutig charakterisierten Bereichs hält sich allerdings im Rahmen des Üblichen. Eine gezielte Untersuchung der Tierknochen lieferte zumindest keinen Hinweis auf irgendeine Auslese oder bestimmte Opferpraktiken. Es ist gleichwohl auf eine Häufung von menschlichen Skelettresten, hauptsächlich Schädeln, entlang der Straße hinzuweisen, die das Heiligtum nördlich begrenzt (Abb. 27), doch ist offen, wann sie dort zur Schau gestellt wurden.

Die Gebäude im Altenfeld (Abb. 29) sollen etwas genauer beschrieben werden. Hier überlagerte ein 308 m^2 großer Rechteckbau mit einer regelmäßigen Binnengliederung eines der Gräbchengevierte, dessen Westfront er übernahm. Zur Straße im Süden hin könnte sich eine Art Laubengang (*porticus*) geöffnet haben, doch ist dies noch nicht ausreichend gesichert. Mit seiner Nordostecke überschneidet er auch das zweite Gräbchengeviert. Nur 10 m weiter nördlich hat man einen weiteren Großbau errichtet, der immerhin knapp 144 m^2 misst. Zwei Reihen von Säulen sind auf einen 7 x 7 m großen Zentralbau bezogen, der nach außen hin von Wänden umschlossen wurde, die durch ihre mächtigen Eckpfosten auffallen. Es könnte sich um eine Art Umgang handeln; es ist aber auch zu überlegen, ob das Gebäude auf einen Innenhof hin konzipiert war, was dann als eine Anlehnung an die mediterrane Bauweise mit einem Atrium zu verstehen wäre. Randlich des Gebäudezentrums fällt ein zusätzlicher, 30 cm mächtiger Pfosten auf, der in einem 1,30 m tiefen Schacht saß. Seine Bedeutung bleibt unklar. Beide Gebäude können aufgrund ihrer Ausmaße und ihrer Architektur als repräsentativ, vielleicht als öffentlich bezeichnet werden.

Anhaltspunkte für die Funktion dieses

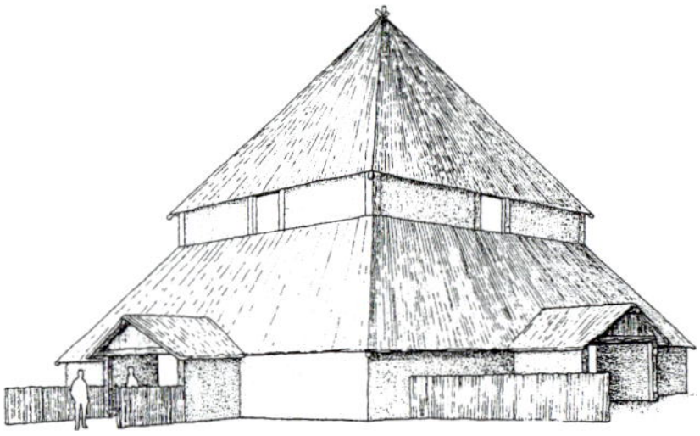

Abb. 118 Rekonstruktion eines Gebäudes mit betontem Zentralteil aus der Viereckschanze von Pfaffenhofen-Beuren, Lkr. Neu-Ulm.

Areals liefern gegenwärtig nur die Funde aus der näheren Umgebung. Dort häufen sich außergewöhnliche Gegenstände, die zum einen belegen, dass sich hier eine gehobene Gesellschaftsschicht aufhielt (Importe, besondere Waffen), zum anderen gibt es Hinweise auf kultische Praktiken (Reste von Tierfiguren). Einem bestimmten Gebäude können diese Funde jedoch nicht zugewiesen werden, auch ihre Zeitstellung ist nicht in jedem Fall exakt festzulegen. Bei einigen ist eine spätkeltische Zeitstellung jedoch eindeutig.

Viereckschanzen im Oppidum?

Die oben beschriebenen Grundrisse sind in fast identischer Form auch von verschiedenen Viereckschanzen Süddeutschlands bekannt (Abb. 118), die in ihrer Mehrzahl der spätkeltischen Zeit angehörten. Als Viereckschanzen bezeichnen wir viereckige locker bebaute Areale, die von einem Wall-Graben-System umschlossen werden. Ursprünglich als Heiligtümer gedeutet, hält man sie heute in der Mehrzahl für umwehrte Gehöfte eher im Sinne römischer Villen. Dass hierzu auch kultische Einrichtungen gehörten, scheint nahe liegend. Derartige oft bis zu 1 ha große Anlagen mit repräsentativen Großbauten erinnern sehr stark an die etwa gleich großen Gehöfteinheiten Manchings. Hier wie dort waren sie sicher an die obere Gesellschaftsschicht, die Aristokratie, gebunden, die im Falle der Druiden auch kultische Funktionen innehatte.

Abb. 119 Der Pferdefuß aus Hirschgeweih war sicherlich Teil eines Kultbildes.

Götterbild und Amulett

Ganz unserem modernen Denken entspricht es, strikt zwischen profan und kultisch zu trennen. Dies erschwert uns die Auseinandersetzung mit der keltischen

Abb. 120 Das Seepferdchen aus Bronze (Hippokamp) war auf einem Gegenstand aus Holz befestigt und seitlich vielleicht mit einem zweiten Hippokampen verbunden.

Götterwelt beträchtlich. Da die keltischen Priester, die Druiden, ihre Lehre nicht in schriftlicher Form weitergegeben haben, sind wir zudem, was unser Wissen über die keltische Religion angeht, vor allem auf römische Quellen angewiesen, die z. B. auch davon berichten, dass die Kelten an die Seelenwanderung glaubten. Götter, Dämonen, Geister und Ahnen waren für die Kelten allgegenwärtig. Das die Eiche umschlingende Efeu des Kultbäumchens soll, wie oben berichtet, die Anwesenheit der Gottheit symbolisiert haben. Diese Gottheit war demnach eng mit der Natur verbunden. Sie äußerte sich aber nicht nur in Form von Pflanzen, sondern auch in Tiergestalt. Die verschiedensten Tiere konnten als Gott, als Begleiter einer Gottheit oder als Dämon verstanden werden.

Von besonderer Bedeutung für die Manchinger Kelten war offensichtlich das Pferd. Das immerhin 70 cm hohe eiserne Ross gehört zu den seltenen Beispielen keltischer Großplastik aus Metall (Abb. 104). Vielleicht war es in einem Heiligtum aufgestellt? Vielleicht bewahrte man es dort für Prozessionen auf? Einer nur unwesentlich kleineren Skulptur gehörte das aus Hirschgeweih geschnitzte Hinterbein eines Pferdes an, das in der Nähe der Sonderbauten vom Altenfeld gefunden wurde (Abb. 119). Das Pferd konnte Reittier und Begleiter einer Gottheit sein oder Geleiter der Toten, es wurde in der Antike aber auch mit dem Heilen, dem Wassersuchen und mit dem Krieg in Verbindung

Abb. 121 Ein bronzener Jochaufsatz ist mit Stier- und Vogelköpfen verziert.

gebracht. Häufig ist es auf keltischen Münzbildern mit dem Sonnenrad kombiniert. Insofern dürfen wir die Pferdedarstellungen auf keltischen Münzen nicht einfach als Kopien südlicher Vorbilder werten, sondern auch als Kürzel, die für die Kelten von besonderer Aussagekraft waren.

Der kleine keltische Hippokamp (Seepferdchen) (Abb. 120), der direkt südlich der Sonderbauten des Altenfeldes gefunden wurde, war Teil eines Ensembles. Er repräsentiert einen zusätzlichen Aspekt. Hippokampen waren in der Antike die Begleiter von Wassergottheiten, sie galten als Symbol für das Meer, in unserem Fall vielleicht für den Fluss; auch sie geleiteten die Toten auf ihre Reise ins Jenseits. Ein Ring mit einer Bernsteineinlage zeigt gleichfalls einen Hippokampen, der sich durch seinen gewundenen Schwanz jedoch als römische Arbeit zu erkennen gibt (Abb. 79). Gerade der Hippokamp zeigt, in welchem Ausmaß sich die Kelten mit den kultischen Äußerungen des Mittelmeerraumes auseinander gesetzt haben.

Stiere galten dagegen als Begleiter des Himmelsgottes und als Sinnbild der Fruchtbarkeit. Sie stehen in einer langen einheimischen Tradition. Eine beschädigte, inzwischen verschollene Stierfigur aus Bronze war Bestandteil des Leisenhart-Depots (Abb. 126). Ansonsten finden wir in Manching stark stilisierte Stierköpfe, und zwar auf Feuerböcken oder als Jochaufsatz, dort mit Vogeldarstellungen kombiniert (Abb. 121). Die Hörner enden hier jeweils in Kugeln, was auch für einen Großteil der Endbeschläge originaler Stierhörner gilt, die man als Trinkhörner benutzte. An einem Trinkhorn war womöglich auch der hier als Fassung für einen Eberhauer rekonstruierte Stierkopf befestigt (Abb. 122). Horn und Kugel könnten den Mond in seinen verschiedenen Phasen symbolisieren. Vielleicht war ja das Trinken aus Stierhörnern mit einem speziellen Ritus verbunden.

Von Vogeldarstellungen war bereits die Rede. Berühmt sind mittlerweile die beiden Achsnägel mit Eulenköpfen (Abb. 123), die zusammen mit zwei Radreifen in einem Graben am Südrand der Siedlung deponiert worden sind. Diejenigen Wagen, an denen derartige Symbole befestigt

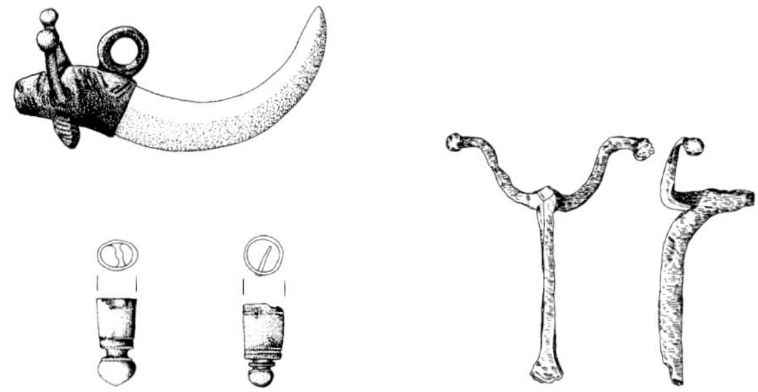

Abb. 122 Stierfiguren sind selten, aber Stierköpfe und -hörner zierten zahlreiche Gegenstände, wie etwa Feuerböcke oder Trinkhörner.

waren, dienten sicherlich besonderen Zwecken und wurden zu rituellen Handlungen oder im Rahmen des Totenkultes verwendet. Vögel wurden mit dem Krieg, aber auch mit dem Glauben an die Wiedergeburt in Verbindung gebracht. Auch der Hund galt als Zeichen für die Wiedergeburt. Hervorzuheben ist die gemeinsame Darstellung mit einem Pferd auf einem Bronzeblech, wobei bei beiden Tieren das männliche Geschlecht besonders betont wurde (Abb. 137). Die Ausgüsse in Form von Hundeköpfen (Abb. 100) könnten mit den heilenden Kräften zusammenhängen, die man Hunden unterstellte.

Die Hirschdarstellung auf einer Scherbe (Abb. 124) sollte vermutlich nicht nur das Tier als solches abbilden, sondern hatte eine uns unbekannte magische Bedeutung. Der Hirsch war Sinnbild der Fruchtbarkeit und symbolisierte die Jagd. Allgemein bekannt ist Cernunos, ein keltischer Gott, der ein Hirschgeweih auf seinem Kopf trägt. Auch auf Regenbogenschüsselchen finden wir Hirschköpfe abgebildet.

Erstaunlicherweise gibt es von Manching (noch) keine Eberdarstellung. Ein eiserner Gegenstand vom Altenfeld erinnert an ein Tierohr, wie es etwa die Pferdeplastik getragen haben könnte.

Wenngleich, was die Interpretation angeht, Zurückhaltung angebracht scheint, soll doch die große Zahl an Tierdarstellungen in Manching hervorgehoben werden. Der Pferdefuß aus Hirschgeweih zeigt uns, dass wir auch mit Bildhauerarbeiten aus organischem Material, in erster Linie Holz, zu rechnen haben. Die bekanntesten Beispiele dafür sind außerhalb Manchings die Holzskulpturen aus der Viereckschanze von Fellbach-Schmiden (Baden-Württemberg) oder menschliche Figuren von Quellheiligtümern, vor allem in Frankreich.

Dass es auch in Manching Darstellungen von Gottheiten in Menschengestalt gab, können wir nur erahnen. Was die Bleigewichte betrifft, so ist auf deren Vorbildern im Mittelmeerraum die die Stadt schützende Gottheit dargestellt (Abb. 89).

Abb. 123 Die beiden Achsnägel aus Eisen mit bronzenen Vogelköpfen stellen einen Höhepunkt künstlerischen Schaffens in Manching dar.

Es liegt also nahe, dies auf Manching zu übertragen, zumal Halsringe (Torques) auch andere keltische Götterbilder schmücken. Benennen können wir die Gottheit aber nicht. Noch viel vager ist die Vermutung, dass die Achsnägel mit Menschenkopf Gottheiten darstellen (Abb. 136).

Versucht man die so genannten Götterbilder in Bezug zu den oben umrissenen Arealen mit Sonderbauten zu setzen, so zeichnet sich lediglich für das Altenfeld eine Konzentration ab. Von hier stammen der Pferdefuß aus Hirschgeweih, der Hippokamp und eines der beiden Münzgewichte sowie der als Tierohr bezeichnete Gegenstand. Eine kultische Funktion dieser Bauten sollte deshalb nicht ausgeschlossen werden.

Vor bösen Geistern, vor dem Unglück, versuchte man sich durch alle Zeiten mit Amuletten zu schützen. Wir wissen nicht, welche Bedeutung den Anhängern im Einzelnen zukam, doch z. T. besteht auch hier ein Zusammenhang mit dem Tierkult, etwa wenn man Ringe mit sich führte, die ringsum von verschiedenen gehörnten Tierköpfen bedeckt sind, vor allem von Widdern und Stieren. Manchmal sind nur noch kleine Kugeln bzw. Knoten zu erkennen.

Als Symbol des Sonnengottes galt das Rad. Bronzerädchen gehören zu den häufigen Amuletten (Abb. 125); in einigen Regionen wurden sie massenweise in Heiligtümern geopfert. Von Manching ist ein solches Brauchtum bisher unbekannt. Als Kratzer bezeichnete Amulette erinnern an eine Hand, und tatsächlich gibt es andernorts handförmige Anhänger, deren Sinn allerdings unklar ist (Abb. 125).

Auch die Bedeutung der Glasringperlen kennen wir nicht, doch dürften sie auf-

Abb. 124 Wie eine Skizze wirkt der in einen Tonscherben geritzte Hirsch.

Abb. 125 Welche Bedeutung Rädchen und andere Amulette für die Kelten gehabt haben, wissen wir nicht.

grund ihrer Farbe eine Unheil abwehrende Funktion erfüllt haben, wie dies ja bei den so genannten Augenperlen offensichtlich ist, die noch heute vor dem bösen Blick schützen sollen.
Es ist auffällig, dass in den Manchinger Gräbern des 3. und 2. Jahrhunderts v. Chr. Amulette eher selten sind. Vieles spricht dafür, dass man sich verstärkt in der Spätzeit mit Zaubermitteln zu schützen suchte, was mit unruhigen Zeiten, mit Bedrohungen aller Art zusammenhängen könnte.

Der Leisenhart-Fund – den Göttern geweiht?

Ursprünglich als »Wohnstättenfund« bezeichnet, gab das im 19. Jahrhundert geborgene Leisenhart-Depot einen ersten Eindruck vom Fundreichtum der Siedlung. Ist der Fund auch frühzeitig in verschiedene Hände geraten und wurde die Zugehörigkeit einzelner Gegenstände in Zweifel gezogen, so ist doch auffällig, dass Bronzen dominieren und dass praktisch alle Funde der spätkeltischen Zeit angehören. Abgesehen von einzelnen Glasringperlen und so genannten Glaswirteln handelt es sich um Waffenfragmente, um Teile des Trinkgeschirrs, um Beschläge und Zierreste vom Wagen und Pferdegeschirr, um die oben erwähnte Stierfigur und um Amulette sowie Tracht- und Schmuckbestandteile. Kaum einer dieser Gegenstände ist vollständig erhalten (Abb. 126).
Offensichtlich liegt hier aber keine zufällig zustande gekommene, sondern eine bewusste Auswahl vor. Pferd und Wagen, Bronzegeschirr, kostbare Waffen und Kultfiguren waren Requisiten der führenden Schicht. Leider wissen wir nichts Genaueres über die Fundumstände, außer dass der Auffindungsort am Rande des

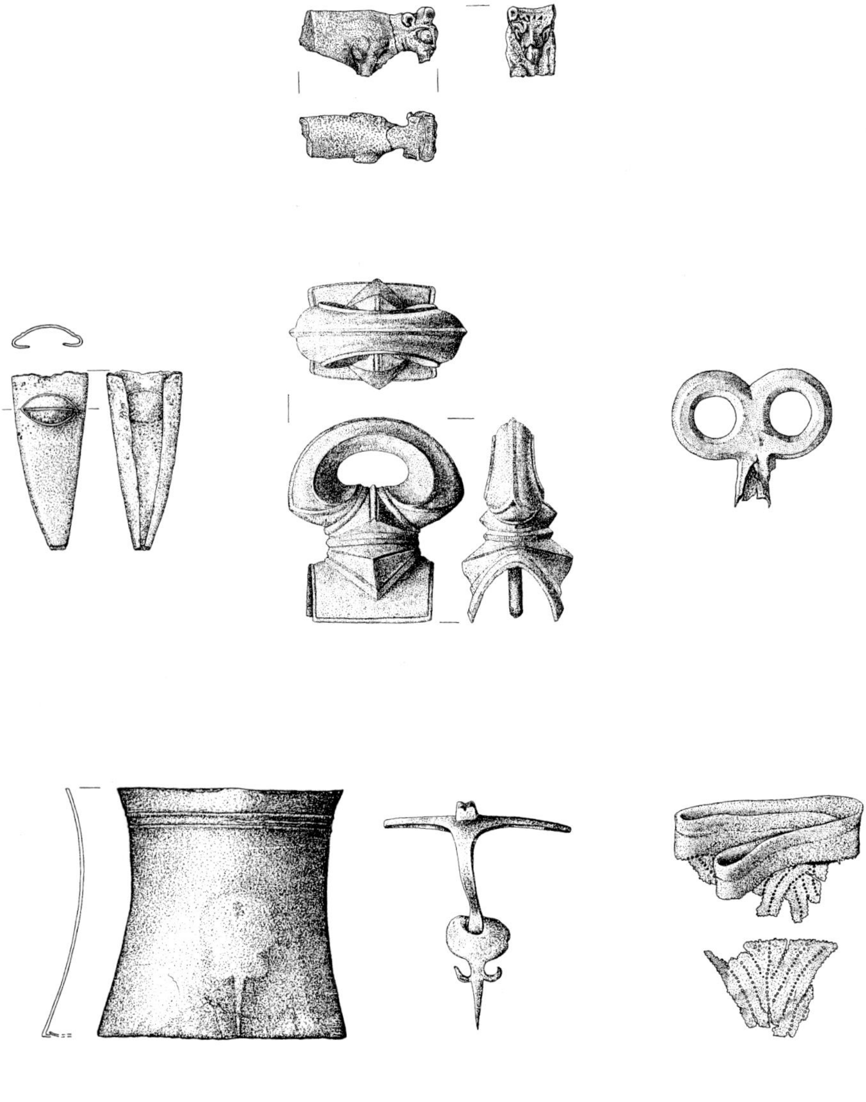

Abb. 126 Einige Funde (Stier, Messerscheide, Zügelführungsring, Achsnagel und Bronzegeschirrreste) aus dem Leisenhart-Depot – den Göttern geweiht oder das Altmetalldepot eines Handwerkers?

vom Zentrum zum Südtor führenden Weges lag, etwa dort, wo dieser den Altmäander des Igelsbaches kreuzte. Ein Zusammenhang mit einem Grab scheint aufgrund der Zusammensetzung des Fundes nicht gegeben. Vielleicht wurden die Gegenstände einer nicht näher zu benennenden Gottheit geweiht? Es ist aber auch nicht auszuschließen, dass wir es mit einer Deponierung aus dem handwerklichen Umfeld zu tun haben.

Neue Ausdrucksformen

Trotz vieler Anlehnungen an Techniken und Darstellungsformen der Mittelmeerwelt besaß die keltische Kunst des 3. und 2. Jahrhunderts doch ein ganz eigenes Gepräge. Die beiden Achsnägel in Form von Vogelköpfen bringen dies nach wie vor am besten zum Ausdruck. Es handelt sich um Einzelstücke, die in ihrer Ausdruckskraft, Abstraktion und Plastizität kaum zu überbieten sind. Emaileinlagen haben zudem zu einer gewissen Farbigkeit beigetragen. Vielleicht kam es in Zusammenhang mit einem Rückstrom aus dem Süden und Osten zurückkehrender Kelten dazu, dass in spätkeltischer Zeit eher realistische Darstellungen die so typisch keltischen Stilisierungen verdrängten. Dies ist besonders an dem kleinen bronzenen Hippokamp abzulesen, dessen vordere Körperpartie recht naturalistisch gebildet ist. Einheimische Zutaten sind das Kreisauge auf der Stirn und der palmettenförmige Schwanz, der im Gegensatz zu mediterranen Arbeiten nicht gewunden ist (vgl. Abb. 120). Auch der Achsnagel mit Menschenkopf kann, betrachtet man die Darstellung der Locken und die Gesichtszüge, hellenistische Einflüsse nicht leugnen, während vor allem der mächtige Schnauzbart den keltischen Ursprung der Arbeit verrät (Abb. 136). Hier handelt es sich übrigens um einen feststehenden Typus, gibt es doch allein aus Manching – von Raubgräbern gefunden – ein weiteres sehr gut erhaltenes Exemplar sowie ein Fragment. Ein vergleichbares Stück ist außerdem aus Böhmen bekannt geworden. Vertreter des neuen Stils sind auch die Ausgüsse in Form von Hundeköpfen, die im Stil der Münzbilder dargestellte Gruppe von Hund und Pferd und die Silensmaske (Abb. 114). Auch zu diesen Funden gibt es Parallelen außerhalb Manchings, was für eine gewisse Nivellierung des späten keltischen »Kunsthandwerks« spricht, die ohne weiträumige Kontakte nicht zu erklären ist.

Von Druiden, Rittern und Sklaven

Einen Eindruck von der Gliederung der spätkeltischen Gesellschaft vermittelt uns Cäsar, doch bezieht er sich hierbei ausschließlich auf Gallien und auf die Zustände um die Mitte des 1. Jahrhunderts v. Chr. Zur Oberschicht zählt er die Druiden, die er als Priester, Richter und Lehrer schildert, sowie die Ritter (*equites*), deren Ansehen von ihrer Herkunft, ihrem Reichtum, aber auch der Zahl der von ihnen Abhängigen (so genannte Klienten und Sklaven) abhing. Im Fall eines Krieges mussten sie alle zur Verfügung stehen. Die Masse des Volkes wird von Cäsar als rechtlos und von Steuern gedrückt beschrieben.

Ein Zeichen absoluter Rechtlosigkeit, ja Gefangenschaft, sind Halsfesseln. Hierfür

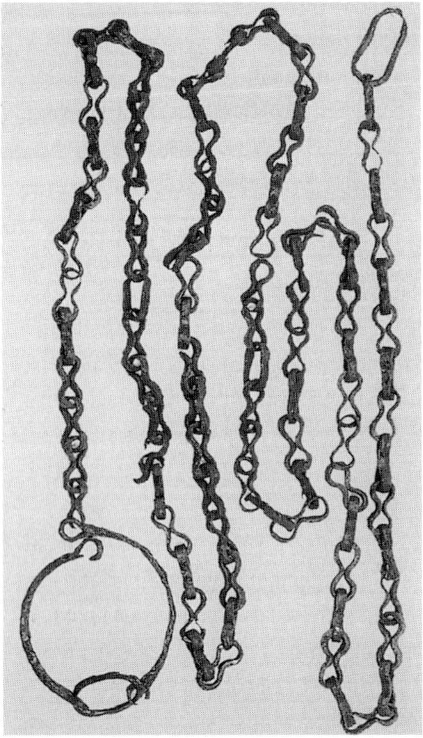

Abb. 127 Zeugnis menschlichen Leids: Halsfessel aus Eisen

gibt es in Manching mehrere Beispiele, von denen ein vollständig erhaltenes Exemplar an einer fast 4 m langen Eisenkette befestigt ist (Abb. 127). Unabhängig davon, ob es sich bei den Trägern dieser Fesseln um Kriegs- oder Strafgefangene oder um sonstige Unfreie, also Sklaven gehandelt hat, werden wir mit ihnen die unterste Klasse der Bevölkerung vor uns haben, die sicherlich in völliger Abhängigkeit lebte. Ansonsten ist diese Gruppe nicht zu fassen, da sie sich naturgemäß nicht durch den Besitz von Metallfunden auszeichnete. Auch besondere Behausungen kennen wir nicht.

Die große Zahl an Waffen führt zu der Frage, wem es erlaubt war, diese zu tragen. Wir berühren hier u. a. den Sicherheitsfaktor, so genannte hoheitliche Aufgaben, die natürlich einer Gruppe übertragen wurden, die in einem vertrauensvollen Verhältnis zur Spitze der Gesellschaft stand. Mit dieser Gruppe erheben wir uns auf jeden Fall über den Handwerker- und Bauernstand. Die Gefolgsleute der *equites*, also der Ritter, waren sicherlich bewaffnet, sie werden auch für die Sicherheit des Oppidums zuständig gewesen sein. Im Kriegsfall wird man einen Großteil der Untergebenen ebenfalls mit Waffen ausgestattet haben. Die so genannten Leichtbewaffneten waren oft nur mit Steinschleudern oder Pfeil und Bogen bewehrt. Waffen die Abzeichencharakter besitzen, wie die Dolche, reich verzierte Schwert- und Messerscheiden aus Bronze, Schutzwaffen aus Metall (Kettenpanzer) und Sporen (Abb. 128) werden wohl nur den Rittern zugestanden haben. Nur diese verfügten auch über größere, eigens importierte Pferde.

Landwirtschaftliche Geräte und die sich direkt an den besiedelten Raum anschließenden Felder sprechen dafür, dass in Manching Bauern gelebt haben, womit noch nichts über deren rechtliche Stellung gesagt ist. Die sich innerhalb der Siedlung abzeichnenden teils großen Gehöfteinheiten lassen eher den Schluss zu, dass wir es nicht mit einer Vielzahl

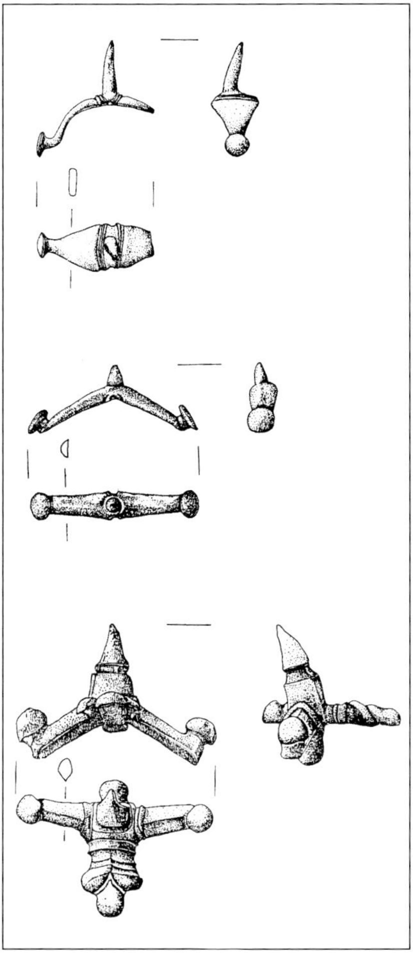

Abb. 128 In keinem anderen Oppidum wurden so viele bronzene Reitersporen gefunden. Ihre Besitzer haben der obersten Gesellschaftsschicht angehört.

kleiner eigenständiger Bauern zu tun haben, sondern mit Abhängigen, vielleicht auch Unfreien, die einem Herren untergeordnet waren, der u. a. über Felder und Herden verfügte.

Ähnlich wird es bei den Handwerkern ausgesehen haben. Hier muss zwischen spezialisiertem und nicht spezialisiertem Handwerk, so genanntem Hauswerk, getrennt werden. Ein nicht spezialisierter Handwerker, also ein Schmied, der lediglich Reparaturen ausführte oder einfachste Gerätschaften wie Nägel und Klammern herstellte, könnte ohne weiteres als Unfreier gearbeitet und auch viele andere, z. B. landwirtschaftliche Aufgaben versehen haben. In fast allen Gehöftarealen finden sich dementsprechend auch Belege für Eisenverarbeitung.

Einen höheren Status werden Handwerker eingenommen haben, die über ein »Geheimwissen« verfügten, das man z. B. zur Glasherstellung benötigte, zur Produktion bestimmter Waffen, Wagen, Schiffe oder kultischer Gegenstände, wie dem Goldbäumchen, sowie zur Münzprägung. Eine Rolle spielte in diesem Zusammenhang auch der Besitz der Rohmaterialien. Handwerker mit besonderen Kenntnissen waren zu jeder Zeit begehrt. Selbst wenn sie zur Gruppe der Unfreien gehört haben sollten, werden sie einen besonderen Rang eingenommen haben. Im Altenfeld zeichnete sich erstmals ein geschlossenes Handwerkerviertel ab (vgl. S. 132–134). Das Vorherrschen von Altmaterialverarbeitung in diesem Viertel gibt zu denken. Woher stammt das Metall? Auch hier ist eine Abhängigkeit von einem »Herren« wahrscheinlich. Oder haben sich Gruppen von Handwerkern zusammengeschlossen?

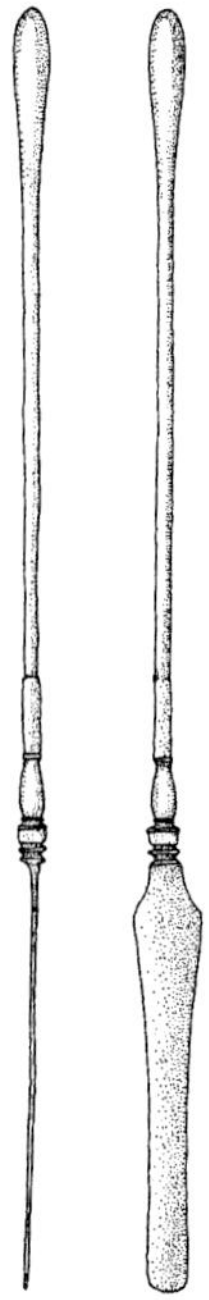

Abb. 129 Feinste Geräte aus Bronze, wie Spatelsonden, standen den Heilkundigen zur Verfügung.

»Handwerker« besonderer Art, über deren Status wir so gut wie nichts wissen, waren die Heilkundigen. Etliche Geräte, vor allem Spatelsonden (Abb. 129), die zum Untersuchen von Wunden und zum Auftragen von Salben dienten, aber auch der Rest eines Arztbestecks, zu dem u. a. eine Pinzette gehörte, belegen die Anwesenheit von Ärzten in Manching. Ihre Instrumente waren Sonderanfertigungen oder wurden aus dem Mittelmeerraum importiert.

Indirekt geben auch die menschlichen Skelettreste Auskunft. So beschreibt der Anthropologe Günter Lange das Ergebnis der Behandlung eines Schädeltraumas mithilfe einer Schädelöffnung folgendermaßen: »Vielmehr deutet alles darauf hin, dass hier ein äußerst geschickter Chirurg zu Werke gegangen ist, dessen ärztliche Kunst seinerzeit sicherlich ihresgleichen gesucht hat.« Ferner sind in Manching sehr gut verheilte Knochenbrüche beschrieben, die auf eine – für damalige Verhältnisse – gute medizinische Versorgung der Bevölkerung schließen lassen.

Inwiefern die engen Kontakte zum Mittelmeerraum die keltischen Heilkünste gefördert haben, ist schwer zu sagen. In München-Obermenzing fand man ein mehrteiliges Arztbesteck in einem Waffengrab, das als Arztgrab angesprochen wird. Ist dies zutreffend, dann hätten die Heilkundigen der Oberschicht angehört und sicherlich in engem Kontakt mit den Druiden gestanden.

Von einem größeren zentralen Platz, der vielleicht als Marktplatz diente, war bereits die Rede. Wie wurden die Überschüsse, die man in Manching erwirtschaftet hat, weitergegeben? Wo und wie fand der Warentausch statt? Wenn Cäsar über Gallien schreibt, dass die unteren Bevölkerungsschichten von Schuldenlasten gegenüber ihren Herren gedrückt werden, wenn er Abgaben erwähnt, so ist es vorstellbar, dass Naturalien wie Honig, Wachs, vor allem aber Tiere und Getreide abgeliefert werden mussten, was u. a. große Speicherbauten voraussetzt, oder dass die Erzeuger einen Teil ihrer Produkte selbst zum Markt brachten.

Wie stand es aber mit dem Fernhandel? Es musste Schiffsbesatzungen geben, Lastenträger, Transporte auf Fuhrwerken mussten geleitet und geschützt werden. Maße und Gewichte mussten festgelegt sein. Wer besaß beispielsweise die Manchinger Bleigewichte, wer verfügte über ein Fußmaß? Wer konnte lesen und schreiben? Sicher war es die Oberschicht, die den Handel kontrollierte und die Gültigkeit von Maßen und Gewichten bestimmte; es ist aber zu fragen, ob es nicht auch Händler gab, die insbesondere für die Ferntransporte zuständig waren; immerhin war hier ein spezielles Wissen nötig.

Der Nachweis von Heiligtümern, von Funden wie z. B. dem Goldbäumchen, dem eisernen Ross oder dem aus Hirschgeweih geschnitzten Pferdefuß, schließlich dem Hippokamp, setzt die Gruppe der Priester, also der Druiden in Manching voraus. Auch hier sind die Funde nicht breit gestreut. Mit den Druiden und Rittern ist die oberste Gesellschaftsschicht erreicht, eine Schicht, mit der man auch den Weinkonsum und diverse Luxusgegenstände in Verbindung bringt. Sie dürften Herren über die meisten der großen Gehöfteinheiten gewesen sein, in denen Langbauten und repräsentative Gebäude den Rahmen des Üblichen sprengten. Einzelne Abstufungen können wir nur erahnen, etwa wenn wir das große Gehöft der Südumgehung mit dem der Nordumgehung vergleichen.

Insofern können wir davon ausgehen, dass in Manching alle Gesellschaftsgruppen vertreten waren, dass es aber auch Viertel gab, die einer bestimmten Klasse mehr oder weniger vorbehalten blieben. Letztlich gibt sich Manching auch in der Zusammensetzung seiner Bevölkerung als politische und wirtschaftliche Schaltstelle für die ganze Region zu erkennen.

Neue Moden

Arm und Reich haben sich zu allen Zeiten durch ihre Kleidung, deren Qualität, Farbe und den Aufwand an metallenen Trachtbestandteilen unterschieden, natürlich auch durch das Tragen von wertvollem Schmuck. Insofern geben die Funde mehr Aufschluss über die Ober- als über die Unterschicht. Was hat sich hier gegenüber dem 3. und 2. Jahrhundert v. Chr. verändert, wo wir immerhin auf Grabausstattungen zurückgreifen können? Die in der Spätzeit fehlenden Gräber machen eine Rekonstruktion der Tracht schwierig. Immerhin geben die Funde und Befunde der Siedlung Aufschluss über das Leben der gesamten Bevölkerung, auch wenn es sich um eher zufällige Ausschnitte handelt.

Von den überlangen drahtförmigen Fibeln kam man z. B. immer mehr ab und verwendete nun solche mit flachem, geknicktem oder mit knotenverziertem Bügel. Man richtete sich also nach Moden in nördlich und südlich angrenzenden Gebieten. Zum Teil sehr kleine Fibeln lassen Rückschlüsse auf eine Vorliebe für feine Stoffe zu. An die Stelle der dekorativen Gürtelketten traten massive Gürtelhaken, die z. B. die Form einer Palmette wieder-

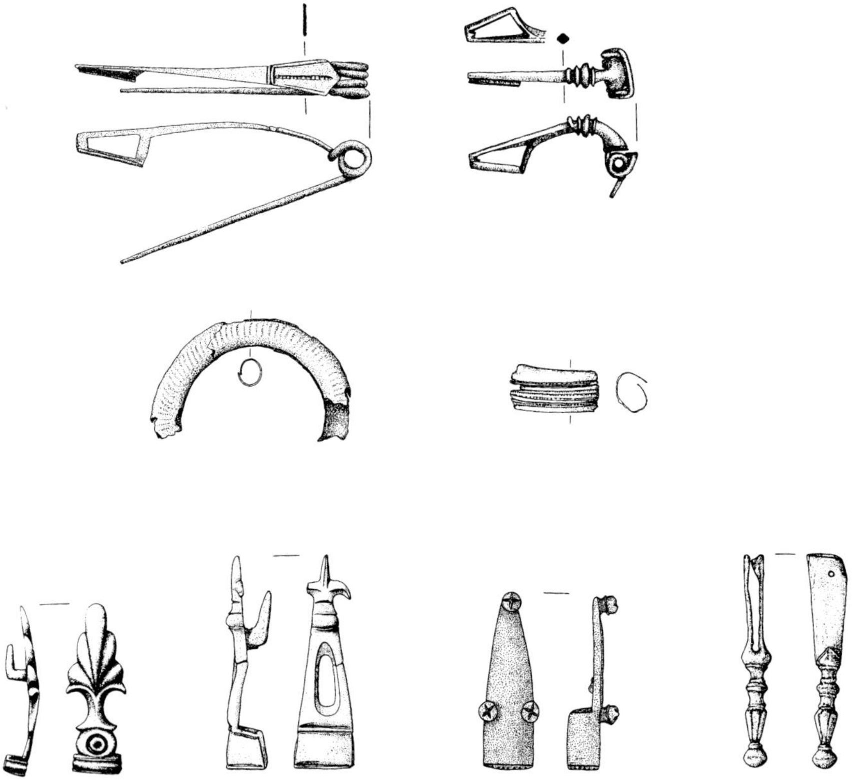

Abb. 130 Trachtutensilien und Schmuck des 1. Jahrhunderts v. Chr. aus Bronze. Besonders variantenreich waren die Gürtelhaken.

geben; als Riemenendverzierungen dienten neuerdings Riemenzungen (Abb. 130). Man bevorzugte nun leichtere Hohlblecharmringe aus Bronze mit Ritz- und Punktlinien. Was die Glasarmringe betrifft, so steht der großen Farb- und Formenvielfalt des 3. und 2. Jahrhunderts v. Chr. eine fast eintönig zu nennende Gleichförmigkeit gegenüber: eher schmale Ringe mit dreieckigem Querschnitt, meist blau oder purpur, seltener bernsteinfarben mit gelber Wellenlinie bestimmten das Bild. Die Vielzahl engerer Armringe während der Spätzeit legt die Vermutung nahe, dass sie dann fast nur noch von jüngeren Mädchen getragen wurden.

Nicht nur bei der weiblichen Ausstattung sind eine gewisse Vereinfachung und Materialersparnis festzustellen. Bei den Schwertgehängen verzichtete man nun auf die aufwendigen eisernen Ketten und verwendete lediglich lederne Riemen, sodass nur die relativ schlichten Gürtelha-

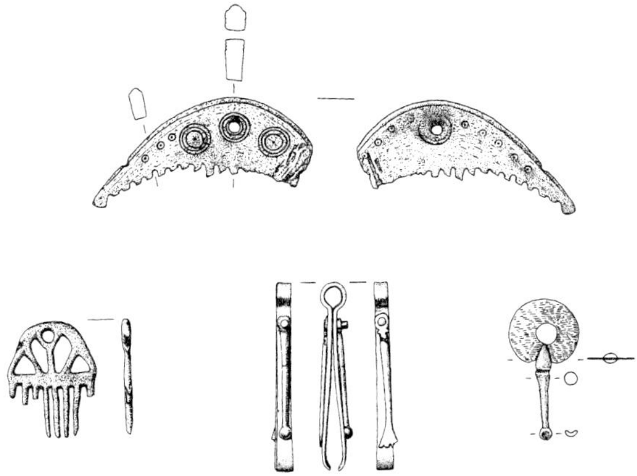

Abb. 131 War Körperpflege Luxus? Nur wenige Geräte wie Kämme, Spiegel oder Pinzetten sind erhalten.

ken mit Knopfende erhalten blieben. Die Schwerter selbst sind länger und funktionaler geworden und tragen kaum mehr Verzierungen, sieht man von Dolchen oder Kurzschwertern mit menschengestaltigem Griff oder einzelnen prunkvollen Schwertern ab. Immer häufiger benutzte man die etwas leichteren Schilde mit Rundbuckel.

Auch beim Geschirr gab es Unterschiede. Nicht jeder konnte sich die in der Spätzeit in Mode gekommene bemalte Ware leisten oder die zerbrechlichen Gefäße mit sehr feinem Kammstrich aus Graphitton. Diese z. T. sehr dünnwandige und qualitätvolle Feinkeramik gehörte sicher zu einem gehobenen Lebensstil.

Gepflegte Frisuren, gewaltige Schnurrbärte

Nur wenig wissen wir über die Körperpflege der Manchinger Kelten. Dass die Kelten großen Wert auf ihre Haar- bzw. Barttracht legten, berichten uns antike Schriftsteller; dies ist aber auch an plastischen Darstellungen abzulesen. So ist z. B. zwischen einem tonsurartigen Haarkranz, der womöglich die Druiden kennzeichnete, und lockiger, in komplizierten Flechten getragener Frisur zu unterscheiden, wie sie auf menschengestaltigen Dolchgriffen begegnet. Ein mächtiger Schnauzbart gehörte in der Regel zur männlichen Selbstdarstellung. Der Manchinger Achsnagel, der von einem Menschenkopf bekrönt wird, illustriert dies aufs Beste (Abb. 136). Es wird berichtet, dass die Kelten Kalkwasser verwendeten, damit die Haarpracht hielt. Zu deren Bändigung benutzte man Kämme (Abb. 131), die gewöhnlich aus Holz geschnitzt waren und damit für uns verloren sind. Ein Exemplar aus Geweih lässt immerhin deren Form und Verzierung erahnen. Die Wertschätzung der Haartracht wird indirekt auch dadurch deutlich, dass man kammförmige Anhänger als eine Art

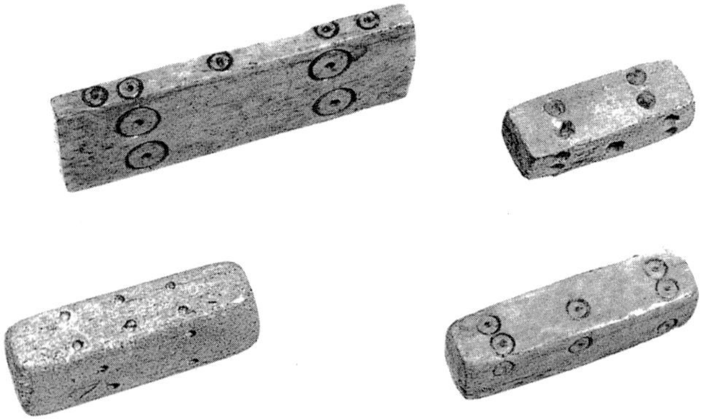

Abb. 132 Glück im Spiel oder Zauberei? Aus Geweih geschnitzte Würfel

Amulett trug. Eine ähnliche Bedeutung hatte offensichtlich der Spiegel. Auch hier kennen wir die Miniatur als Anhänger (Abb. 131). Die Originale sind uns in Manching als Scherben der runden Spiegelscheiben überliefert, die aus der ehemals silbrig glänzenden Zinnbronze bestanden haben. Womöglich handelt es sich in Einzelfällen sogar um Importe. Kleine Messerchen mit gebogener Schneide dürften als Rasiermesser benutzt worden sein, ansonsten dienten Pinzetten der Haarentfernung. Wir finden sie vereinzelt als Teil eines Toilettbesteckes, zu dem außerdem ein Ohrlöffelchen und ein Nagelschneider gehörten (Abb. 131). Auch eine bronzene Miniaturfeile ist erhalten. Von der Körperpflege und der damaligen Hygiene darf man sich angesichts zahlreicher Brunnen keine falschen Vorstellungen machen. Immer wieder werden Seuchen Mensch und Tier dahingerafft haben.

Glück im Spiel …

Bei der Frage nach der Gliederung der damaligen Gesellschaft sollte man auch die Randgruppen berücksichtigen, mit denen zu allen Zeiten zu rechnen ist, die sich archäologisch aber nur selten nachweisen lassen. Dass es Diebe gab, ist indirekt über die zahlreichen Schlüssel zu rekonstruieren, mit denen die Türen verschlossen wurden. Über Strafmaßnahmen bis hin zur Todesstrafe berichten die schriftlichen Quellen. Dass man an einem Ort wie Manching Prostitution kannte, dürfen wir gleichfalls annehmen, wenngleich wir den Nachweis schuldig bleiben müssen. Auch die Vorstellung, dass man im keltischen Manching Gasthäuser besuchte, in denen man sich dem Glücksspiel hingab, scheint nicht allzu abwegig zu sein, denn mit Herbergen muss man an einem Verkehrsknotenpunkt rechnen. Auf jeden Fall sind in Manching viele Würfel der unterschiedlichsten Formen verloren gegangen, und es gibt sogar Hinweise auf eine Werkstatt, in der Würfel aus Geweihteilen hergestellt worden sind

(Abb. 132). Gehen wir davon aus, dass man zum Würfeln Muße braucht, dann dürfen wir die Knobel wohl kaum in den Händen der Unterschicht vermuten. Wie heute musste man etwas besitzen, um es verspielen zu können.

Manching, eine weltoffene Stadt

In Manching trafen sich die Einheimischen mit Rückkehrern aus dem Süden und Osten, die neue Ideen mitbrachten, Söldnern, die die modernsten Waffen und Befestigungsarten kennen gelernt hatten, Händlern aus aller Herren Länder und Handwerkern, die ihr Wissen jedem zur Verfügung stellten, der sie gut bezahlte und ihnen die nötigen Rohstoffe lieferte. Bereits die Bemerkungen zu den Importen haben uns gezeigt, dass Manching intensive Beziehungen zum Mittelmeerraum, aber auch zu allen benachbarten keltischen und auch germanischen Regionen hatte. Die Handelswege über Gallien (Rhone, Sâone) standen offensichtlich im Mittelpunkt, doch auch der östliche Weg spielte eine Rolle. Im 3. und 2. Jahrhundert v. Chr. »importierte« man Fibeln aus der Schweiz, später aus Oberitalien, man übernahm aber auch Fibelmoden aus dem germanischen Raum. Die Münzen verweisen sozusagen in alle Himmelsrichtungen, im Übrigen jedoch stärker nach Westen als nach Osten. Der Keramik nach zu schließen ist Manching aber Teil des ostkeltischen Kreises gewesen; schon westlich von Ulm trifft man andere Warenarten und -formen an. Erst in der Spätzeit häufen sich Übereinstimmungen mit westlichen Eigenheiten, z. B. die Bevorzugung tonnenförmiger Gefäße. Daneben war Manching in spätkeltischer Zeit über Trachtgegenstände, insbesondere Fibeln und Gürtelbestandteile, spezielle Amulette und über bestimmte kriegerische Ausrüstungsgegenstände wie Sporen und Details der Schwertausstattung eng mit Böhmen, Mähren und Österreich verbunden. Aber auch Keramik aus dem rätischen Alpenraum ist in Manching vertreten.
So erscheint uns Manching mit seinem Umfeld wie ein Tor zum Westen, das den Handel in dieser Richtung kontrollierte, aber auch, wie man an der Verbreitung der Amphoren ablesen kann, die Weiterverteilung der aus dem Westen kommenden Waren in der Hand hielt. Auch wenn oben diskutiert wurde, ob man Manchinger Eisengeräte, Glasschmuck, Tuche oder Keramik verhandelt hat, bleibt die Frage, was man z. B. gegen den Wein eingetauscht hat bzw. ob man ihn mit blanker Münze bezahlt hat. Woran waren die Handelspartner im Süden interessiert? Hier werden immer wieder so unterschiedliche »Waren« wie Sklaven, Eisen, Honig, Pech und Wollmäntel genannt. Die Belege dafür fehlen. Erst wenn wir von einem Zwischenhandel ausgehen, verschiebt sich das Bild, und wir müssen uns lediglich fragen, an welchen Produkten der Herr des nächsten Oppidums oder der Nachbarstamm interessiert war. Die günstige Lage an der Donau war sicherlich der Schlüssel zur Erfolgsgeschichte Manchings, von dem man annehmen

kann, dass es mit allen bedeutenden Siedlungen der keltischen Welt in Beziehung stand.

Das Handwerkerviertel im Altenfeld – ein Zentrum für Recycling?

Die Rolle Manchings als Zentralort wurde schon früh auch mit der Bedeutung des Handwerks in Verbindung gebracht. Die in vielen Bereichen zu erschließende Spezialisierung, etwa auf dem Gebiet der Glasherstellung oder der Münzprägung, warf die Frage nach den entsprechenden Werkstätten auf. Kleinere Gebäude entlang einer Straße der Zentralfläche wurden schon als Handwerkerhütten und Verkaufsbuden bezeichnet, doch mangelt es bisher an einer eingehenderen Untersuchung.

Einen glücklichen Zufall stellte in dieser Hinsicht die Aufdeckung eines zweifellos ausschließlich für handwerkliche Zwecke genutzten Viertels dar, das in einem Zwickel zwischen den zum Osttor und nach Nordosten führenden Straßen lag. Hier fehlt jeglicher Hinweis auf die sonst übliche Wohnbebauung. Andererseits hat man hier mehrere Grubenhäuser errichtet, die in Manching sonst nur selten beobachtet wurden. Die handwerkliche Nutzung dieses Viertels setzte bereits während des 2. Jahrhunderts v. Chr. ein und stand anfangs vielleicht in Zusammenhang mit einem nördlich anschließenden Gehöft. Im 1. Jahrhundert v. Chr. fassten dann ausschließlich Bronze- und Eisenverarbeitung, die Münzprägung, aber auch die Töpferei Fuß. Was letztere betrifft, so ist es im Übrigen auffällig, dass alle drei Töpferöfen Manchings der Spätzeit angehören, was die Frage aufwirft, ob man bewusst den Schutz des Oppidums gesucht hat.

Von den technischen Einrichtungen ist mit Ausnahme spärlicher Reste eines solchen Ofens, verbrannter Kalksteine, oft nur kurzer, teils gewinkelter Gräbchen oder der zahlreichen Brunnen wenig erhalten geblieben. Eine deutliche Sprache spricht aber die bislang größte Konzentration an Eisenschlacken in Manching. Sie verweist klar auf ein Zentrum zur Eisenverarbeitung, über die Grundsätzliches schon berichtet wurde (vgl. S. 76–79). Ob hier Endprodukte hergestellt worden sind, und wenn ja, welche, wissen wir nicht. Auf jeden Fall hat man hier Altmetall weiterverwertet (Abb. 133). Eine besondere Rolle scheinen dabei Bleche gespielt zu haben. Es fällt auf, dass sich in ganz besonderem Maße Fragmente häufen, die Bestandteile von Kesseln, Wagen und Waffen gewesen sind. Von den Kesseln finden wir die Halterungen der Griffe, die unter den Kesselringen in das Blech eingenieteten Puffer und die Eisenbleche vom Kesselrand, in denen noch die Bronzeniete sitzen, die diesen mit dem bronzenen Kesselboden verbunden haben.

Offensichtlich hatte man es zuallererst auf die Bronzeteile abgesehen, die nur ausnahmsweise erhalten sind. Die Eisenbleche sind oft gefaltet, d. h., man hat sie zur Weiterverarbeitung vorbereitet. In ähnlicher Weise ist man mit den Schwer-

Abb. 133 Das Handwerkerviertel im Altenfeld gab erstmals konkrete Hinweise auf die Art und Weise, in der Kelten Altmetall verwertet haben.

tern umgegangen. Hier war man vor allem an den Scheidenblechen interessiert. Man riss also die Randbeschläge herunter, die die Bleche zusammenhielten, ebenso die Schwerthalterung und das Ortband. All dies kam zu den Abfällen. Vereinzelt sind auch hier zusammengebogene Scheidenbleche erhalten geblieben. Ähnlich verfuhr man mit den Schildbuckeln. In zwei Grubenhäusern fanden sich außerdem Töpfe, in denen man winzige Eisenreste gesammelt hat. Auch hier ist der Bezug zur Weiterverarbeitung von Abfällen offensichtlich. Hinzu kommen zahlreiche Hinweise auf Bronzeverarbeitung, von denen die auf ein Grubenhaus und dessen Umfeld konzentrierten Belege für Bronzerecycling (vgl. S. 75) bereits hervorgehoben wurden.

Auch von anderen Arealen des Oppidums gibt es Befunde, die zeigen, dass in der Spätzeit verstärkt Altmaterial aufbereitet worden ist. Ist dies ein Trugbild des Forschungsstandes oder werden wir hier Zeuge eines Materialnotstandes? Hat man Kessel nicht immer wieder repariert, und waren Waffen, insbesondere Schwerter, nicht im Besitz der Gemeinschaft oder einzelner Persönlichkeiten? Tauschte man Unbrauchbares gegen Neues ein oder handelte es sich um Beutegut? Vielleicht ist aber auch bei der großen im Oppidum konzentrierten Menschenmenge so viel Altmetall angefallen, dass es nahe lag, es in den Produktionsprozess wieder einzugliedern und sich einige Arbeitsschritte zu sparen. Natürlich könnte auch ein Mangel an Rohmaterial hinter dem Recycling stecken. Spiegelt sich hier also eine Blüte- oder eine Krisenzeit in der Geschichte des Oppidums?

Der Niedergang

Die politische Großwetterlage

Was die politischen Verhältnisse im 1. Jahrhundert v. Chr. in Süddeutschland betrifft, so sind wir in der Regel auf Vermutungen angewiesen. Die Römer drangen noch im 2. Jahrhundert v. Chr. nach Südfrankreich (*Gallia Narbonensis*) und Oberitalien (*Gallia cisalpina*) vor, was einen Rückstrom von dort siedelnden Kelten in ihre Heimat auslöste, und beherrschten damit die Handelsrouten nach Norden. Im Nordosten wuchs ihr Einfluss auf das Königreich *Noricum* im Ostalpenraum, dessen Stahlerzeugnisse weithin begehrt waren. Durch Cäsar sind wir, allerdings aus der Sicht des Gegners, über die Vorkommnisse in Gallien um die Mitte des 1. Jahrhunderts v. Chr. unterrichtet. Die Helvetier, die noch vor nicht allzu langer Zeit im heutigen Südwestdeutschland gesiedelt hatten, verließen ihre Wohnsitze in der heutigen Schweiz und zogen zunächst in Richtung Süden, wo sie mit den Römern in Konflikt gerieten. Cäsar, den man im Streit mit den Häduern, alten Bundesgenossen der Römer, zu Hilfe rief, nutzte die Gelegenheit zur Eroberung ganz Galliens in den Jahren 58 bis 51 v. Chr. Westlich des Rheins geriet das ohnehin stärker römisch beeinflusste Gebiet nun endgültig unter römische Herrschaft. Einzelne Brückenschläge auf die östliche Rheinseite blieben ohne größere Auswirkungen.

Einen weiteren Unruhefaktor stellten die als Germanen bezeichneten Stämme dar, die ebenfalls nach neuen Siedlungsplätzen suchten oder sich auf Plünderungszügen befanden. Von den Kimbern und Teutonen war bereits die Rede. Cäsar berichtet nun von Ariovist, der übrigens neben seiner suebischen Gattin auch die Schwester des norischen Königs Voccio zur Frau genommen hatte. Ariovist war, als er im Jahre 58 v. Chr. mit Cäsar zusammentraf, angeblich schon 13 Jahre unterwegs, sodass er demnach etwa seit 80 v. Chr. keltisches Gebiet unsicher gemacht haben könnte.

Infolgedessen waren die Kelten im süddeutschen Raum spätestens seit Ende des 2. Jahrhunderts v. Chr. von Süden, Westen und in gewissem Sinne auch von Südosten von römisch geprägtem Gebiet umgeben. Hinzu kamen die vom elbgermanischen Raum her eindringenden Germanen (Abb. 134). Dies muss Einfluss auf die Sicherheit der alten Handelswege gehabt haben. Hauptlieferant Roms für keltische Waren dürfte Gallien geworden sein, Eisen bezog man aus *Noricum*. All dies konnte nicht ohne Auswirkungen auf

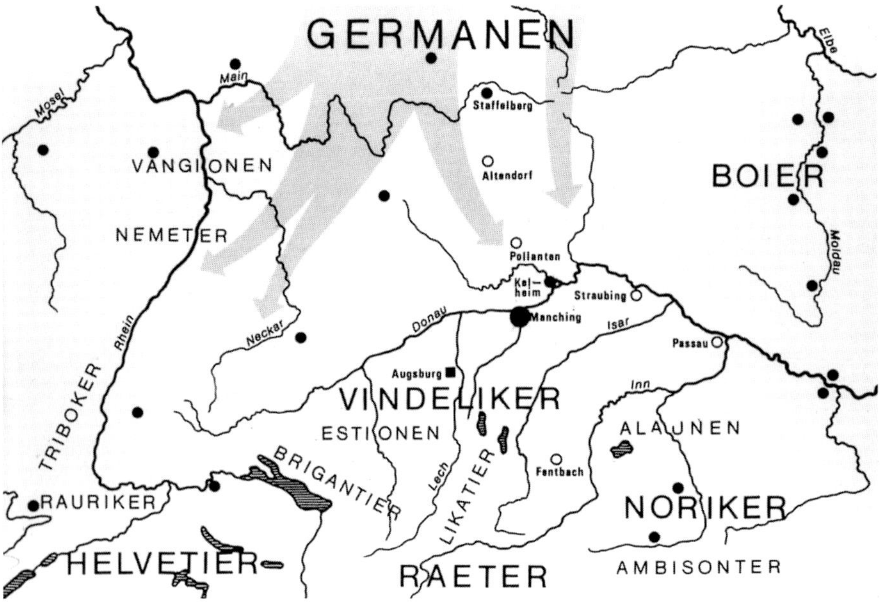

Abb. 134 Süddeutschland, den Einwirkungen Roms und der Germanen ausgeliefert.

die großen süddeutschen Oppida geblieben sein, die in ein kompliziertes Netz von Abhängigkeiten verwoben waren. Die Versorgung der Zentralorte mit Lebensmitteln, aber auch mit wirtschaftlichen Gütern und Rohstoffen für die hochspezialisierten Handwerker musste gewährleistet sein. Das Münzsystem verlangte nach funktionierenden Märkten und nach einer ausreichenden Zufuhr von Edelmetall. Die Krise war vorprogrammiert.

Rezession in Manching?

Wie stellt sich diese Phase des Niedergangs in Manching archäologisch dar? Nur für die Nordumgehung konnte bisher die Bebauungsfolge rekonstruiert werden. Hier kann man einen gravierenden Einschnitt beobachten, der in den ersten Jahrzehnten des 1. Jahrhunderts v. Chr. stattgefunden haben muss (Abb. 135). Aus großen, in geregelter Art und Weise bebauten Gehöften entwickelten sich kleine, klar voneinander zu trennende landwirtschaftliche Einheiten, die auf einen Rückgang der Bevölkerungszahlen schließen lassen und eher für eine Selbstversorgung stehen. Allein die Bebauung am Rand der »Dürren Au« veränderte ihren Charakter kaum. Offensichtlich betrachtete man den Hafen weiterhin als Tor zur Welt.
Nur wenige Funde lassen sich eindeutig der Endphase des Oppidums zuweisen.

Abb. 135 Modell der Bebauung im Süden der Nordumgehung um 50 v. Chr. (Entwurf H.-J. Köhler)

An erster Stelle sind hier die einer kurzlebigen Mode unterworfenen Trachtgegenstände, vor allem Fibeln, zu nennen. Ihre Verbreitungsschwerpunkte zeigen uns, in welchen Siedlungsbereichen wir zuletzt noch mit Aktivitäten zu rechnen haben. Dem Fortbestand der Bebauung am Ostrand der »Dürren Au« steht der Abbruch der Besiedlung an ihrem Westrand gegenüber. Als Grenze der Besiedlung in diesem Bereich kann ein bis zu 5 m breiter Ost-West-Graben angesehen werden (vgl. Abb. 48). Ein nicht ganz eindeutiger fundreicher Befund dieser Zeitstellung, dessen Form einem Körpergrab entspricht, liegt jenseits dieses Grabens, wie auch der dürftige Rest eines eindeutigen Grabes. Die Häufung menschlicher Skelettreste in der Grabenverfüllung könnte zugleich ein Hinweis darauf sein, dass sich die Nutzung des an die »Dürre Au« grenzenden Gebietes geändert hat und jetzt nicht mehr im wirtschaftlichen, sondern im kultischen Bereich zu suchen ist. Das fundreiche »Grab« gibt uns aber, wenngleich nur indirekte Hinweise darauf, dass Teile der Nobilität auch in Zei-

Abb. 136 Ein Bild von einem Mann... Eiserner Achsnagel mit Menschenkopf aus Bronze

ten des Niedergangs das Geschick des Oppidums bestimmt haben. Über einer länglichen Eintiefung, die fast fundleer blieb, fanden sich, etwa 60 cm über dem Grubenboden, eine Packung aus verbrannten Kalkmörtelresten neben meist verbrannten Metallfunden, die anderenorts typisch für so genannte Fürstengräber sind: Bestandteile des Wagens, wie z. B. ein Achsnagel (Abb. 136), Radnabenbeschläge, in Durchbruchsarbeit rankenartig verzierte Beschläge des Wagenkastens, ein Henkel von einer bronzenen Amphore, Reste eines Bronzekessels und andere, teils verzierte Blechbeschläge noch unbekannter Verwendung (Abb. 137). Ein gleichfalls durchbrochen gearbeiteter Rest einer Eisenscheide gehört zu einem Messer oder einem Schwert. Hinzu kommen Nagelreste und allerlei andere Gerätschaften. Vom Toten selbst und seiner Trachtausstattung fehlt jede Spur. Gleichwohl könnte diese Deponierung in Zusammenhang mit dem Verbrennungsritus stehen, ist es doch typisch für die spätkeltische Zeit, dass Bestattungen in Süddeutschland nur ausnahmsweise erhalten sind.
Einen deutlichen Schwerpunkt der späten Besiedlung bildete der Zentralteil der dicht bebauten Zone des Altenfeldes mit dem sich südlich daran anschließenden Handwerkerviertel. Gleiches trifft auf den Südteil der Bebauung der Nordumgehung zu, wo im Übrigen zur gleichen Zeit in einem Grubenhaus Eisen verarbeitet wurde. Das große Gehöft im Norden der Südumgehung scheint ebenfalls weiterbestanden zu haben, wobei unklar ist, in welcher Form. Im Bereich der Zentralfläche bleibt der Mittelteil nun beinahe fundleer, während sich am Nordrand, also entlang der Ost-West-Achse durch das Oppidum, und im äußersten Süden die Funde häufen. Es ist nicht auszuschließen, dass auch dort jeweils Zusammenhänge mit der Metallverarbeitung bestehen.
Insgesamt wird deutlich, dass sich die Grundstrukturen noch erhalten haben, aber die Besiedlung einen weniger dichten Eindruck macht und das besiedelte Gebiet insgesamt verkleinert wurde. Einen konkreten Hinweis geben dazu

Abb. 137 Bronzeblechbeschlag mit der Darstellung eines Hundes und eines Pferdes

Fibelzahlen. Machte der Anteil der Fibeln, die etwa um 100 v. Chr. getragen wurden, noch 45 % am Gesamtbestand aus, so sank der Anteil später auf nur noch 10 %. Die Tatsache, dass, folgt man den Untersuchungen von E. L. Will, nach 80 v. Chr. keine Amphoren mehr nach Manching gekommen sind, verweist auf Störungen der Fernverbindungen, zumindest was die westlichen Routen betrifft, über die der Wein bezogen wurde. Doch auch Probleme mit der näheren Umgebung zeichnen sich ab. So gab man dem Ton z. B. immer weniger Graphit bei, was eine deutliche Qualitätsminderung bei den Kochtöpfen bewirkt haben muss. Gab es auch Schwierigkeiten mit den östlichen Nachbarn aus der Passauer Gegend, woher man den Graphit bezog oder war dort der Abbau unterbrochen?

Das Osttor brennt

In die Jahre nach 80 v. Chr. fällt ein Ereignis, das eine Katastrophe bedeutet haben muss: die Zerstörung des Osttores durch einen verheerenden Brand. Die Tatsache, dass der Brandschutt des Torhauses danach nicht weggeräumt wurde, schließt ein nur lokales oder kurzfristiges Geschehen und ein reines Schadensfeuer aus. Es ist vielmehr nahe liegend, ein kriegerisches Ereignis damit in Verbindung zu bringen, wenngleich es keine besonderen Waffenhäufungen im Torbereich gibt. Warum haben die Bewohner das Tor nicht wieder aufgebaut, und sei es nur in einfachster Form? Wurde die Siedlung danach aufgegeben? Wurde der nach Osten ins Feilenmoos führende Weg nicht

Abb. 138 In ein grobes Tuch eingeschlagen hat ein Handwerker seine Vorräte an Altmetall und Gegenstände, die gerade in Arbeit waren, in der Erde verborgen.

mehr genutzt? Lebte man innerhalb der Wallruine weiter, die man aus Mangel an Arbeitskräften nicht reparierte? Verlegte man den Weg durch eine inzwischen entstandene Walllücke? Dann hätte man das Osttor aber zumindest notdürftig zugesetzt.

Es gibt auch andere Hinweise auf eine kriegerische Bedrohung: Im Bereich der Nordumgehung wurde ein kleiner Hortfund vergraben, der Eisen- und Bronzegerätschaften eines Metallhandwerkers enthielt. Teils barg er Altmaterial, z. B. bronzene Beschläge, die man von einem verkohlten Kästchen heruntergerissen hat, teils Halbfabrikate, z. B. von Nägeln, und barrenförmige Gegenstände (Abb. 138). Da es sich dabei kaum um eine Opferung gehandelt haben wird, bleibt ein Versteckfund von Rohmaterial, der auf eine Bedrohung von außen schließen lässt, als wahrscheinlichste Interpretation.

In die gleiche Richtung weisen vereinzelte Fußangeln, also gestachelte Annäherungshindernisse (Abb. 139), die sich interessanterweise nicht etwa vor dem Osttor, sondern im Inneren der Siedlung fanden. Sind sie Zeugen eines feindlichen Angriffs auf das Siedlungszentrum? Hier fehlen noch viele Mosaiksteinchen zu einem schlüssigen Bild.

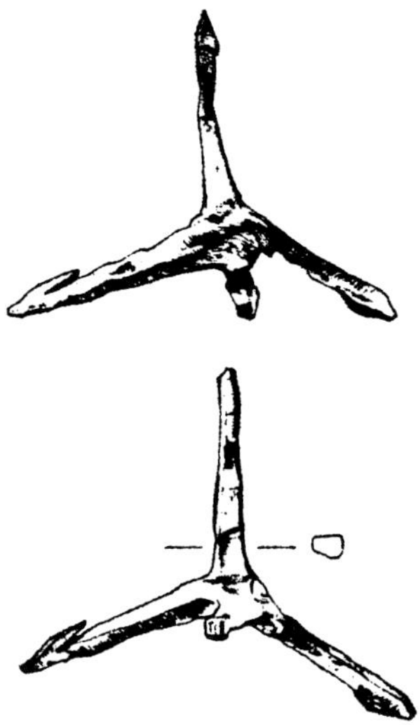

Abb. 139 Fußangeln mit Widerhaken sollten angreifenden Kriegern und deren Pferden gefährlich werden.

Die offene Frage nach dem Ende von Manching

Die Frage nach dem Ende von Manching beschäftigte bereits mehrere Forschergenerationen. Der Vorschlag von Paul Reinecke und Werner Krämer aus den 50er-Jahren, wonach Manching im Jahre 15 v. Chr. im Zuge der Besetzung des Voralpenlandes von den Römern erobert worden sei, wird aus Mangel an eindeutigen Funden dieses Zeitraums heute nicht mehr favorisiert. Später machte Sabine Rieckhoff die Germanen des Ariovist für die Zerstörung Manchings verantwortlich und verlegte diese in die Zeit zwischen 80 und 70 v. Chr. Seit etlichen Jahren sind die Manchingforscher dagegen der Ansicht, dass das Ende von Manching, dem ein allmählicher Niedergang vorausging, zwischen 50 und 30 v. Chr. anzusetzen ist. Während Rieckhoff, die als Auslöser des Niedergangs eine Seuche ansieht, von einer Abwanderung der Kelten aus Süddeutschland spricht, wird allgemein einem komplexeren Vorgang der Vorzug gegeben. Besonders die Größe der süddeutschen Oppida (Kelheim ca. 600 ha; Heidengraben ca. 1660 ha) macht klar, in welchem Abhängigkeitsverhältnis die Bevölkerung der keltischen Städte von der ländlichen Besiedlung gestanden haben muss. Bei einer Abwanderung eines Stammesteils war die Versorgung mit Lebensmitteln gefährdet. Die Sicherheit der durch die Germanen wohl zeitweilig gefährdeten Handelswege war nicht mehr gewährleistet, also kamen kaum mehr Importe ins Land. Die großen Marktplätze verloren ihren Sinn. Mit der Verarmung der herrschenden Schicht konnte diese auch hochspezialisierte Handwerker nicht mehr beschäftigen. Zu diskutieren ist auch, ob der durch die Errichtung der Stadtmauern betriebene Raubbau an Holz, aber auch an Eisenerz so schnell verschmerzt werden konnte. Naturwissenschaftliche Untersuchungen haben ergeben, dass der Hafen im Bereich der »Dürren Au« in den Jahrzehnten vor Christi Geburt von der Donau abgeschnitten und zu einem toten Gewässer wurde. Die am Westrand des Hafens aufgedeckte wassertechnische Anlage ist schon im Verlauf des 1. Jahrhunderts v. Chr. verfüllt und von Gruben überlagert worden. Es könnte sein, dass hier ein

Zusammenhang besteht. Dann hätten sich aber bereits relativ früh Probleme am Hafen ergeben. Eventuell blieb nur eine Fahrrinne im Ostteil geöffnet, was auch die dortige Bebauung nahe legt.
Von einem allmählichen Abzug der Bevölkerung ist auszugehen. Der offenkundige zahlenmäßige Rückgang der Manchinger Baubefunde und Funde macht dies mehr als deutlich. Nicht auszuschließen ist auch die Beteiligung einiger süddeutscher Stammesteile an den Kämpfen gegen Cäsar in Gallien, werden wir doch immer wieder Zeugen der großen Mobilität der Kelten. Untersuchungen von C.-M. Hüssen haben Hinweise darauf geliefert, dass eine keltische Restbevölkerung, vermischt mit germanischen Zuwanderern, in ländlichen Siedlungen der Umgebung weiterexistierte. Die in Manching so deutliche Gliederung in Gehöfteinheiten mag eine Rückkehr aufs Land und damit zur Selbstversorgung erleichtert haben. Als die Römer kamen, waren die wenigen Oppida, darunter Manching, bereits verlassen bzw. ohne Bedeutung. Nur die Ruine der Stadtmauer erinnerte an die in keltischer Zeit mächtige Stadt.

Die Umgebung des Oppidums

Lange Jahre stand Manching allein im Zentrum des Interesses. Die Archäologen waren vollauf damit beschäftigt, anhand des reichen Materials Grundlagen für die Datierung und die Einordnung der Funde und Befunde zu schaffen, zumal für die spätkeltische Zeit hier keine Gräber zur Verfügung standen. Mit Manching wurde also Grundlagenforschung betrieben. Jeder, der sich mit der Latènezeit in Mitteleuropa auseinander setzt, ist gezwungen, sich auch mit Manching zu befassen. Inzwischen ist eine ausreichende Basis erarbeitet, von der aus man über die Stadtmauern hinweg blicken kann. Frühe Funde, z. B. Münzschätze aus der näheren Umgebung, in Verbindung mit Grabungsergebnissen im Zuge von Baumaßnahmen der jüngeren Zeit lassen nun auch das Wechselspiel des Oppidums mit seiner Umgebung in einem klareren Licht erscheinen. Verstreut liegende Friedhöfe des 4. bis 2. Jahrhunderts v. Chr., die oft nur wenige Hundert Meter Abstand voneinander aufweisen, lassen Rückschlüsse auf die Lage kleinerer Siedlungen im Donautal zu. Rückstände von Eisenverhüttung in Etting, das nahe Ingolstadt nördlich der Donau liegt, in Zusammenhang mit einigen Bestattungen, machen deutlich, wie die Belieferung der Zentralsiedlung mit Rohmaterial funktioniert haben könnte. Wir dürfen uns die Umgebung Manchings also nicht siedlungsleer vorstellen, sondern müssen von einer hoch differenzierten Arbeitsteilung ausgehen.

Zur Diskussion stehen hier drei Viereckschanzen aus dem nächsten Umfeld von Manching, doch wurden in diesen noch keine umfassenderen Grabungen vorgenommen, sodass sie zu der Frage, ob in ihnen die Landsitze der Nobilität zu vermuten sind, keinen Beitrag liefern können. Zwei Anlagen östlich Manchings sind nur noch über Luftbilder auszumachen, die dritte Anlage, südlich des Oppiums (Abb. 140), direkt westlich der Autobahn Nürnberg–München gelegen, ist dagegen im Gelände noch sehr gut sichtbar. Es könnte sich hier theoretisch ohne weiteres um umwehrte Gehöfte handeln, die zur Versorgung Manchings mit landwirtschaftlichen Gütern beigetragen haben. Ein von Franz Schubert als Tempel interpretierter Befund von Zuchering könnte ein Teil eines größeren Gehöftes oder einer kleineren offenen Siedlung gewesen sein. All diese Anlagen liegen nahe den Fernstraßen (Abb. 16).

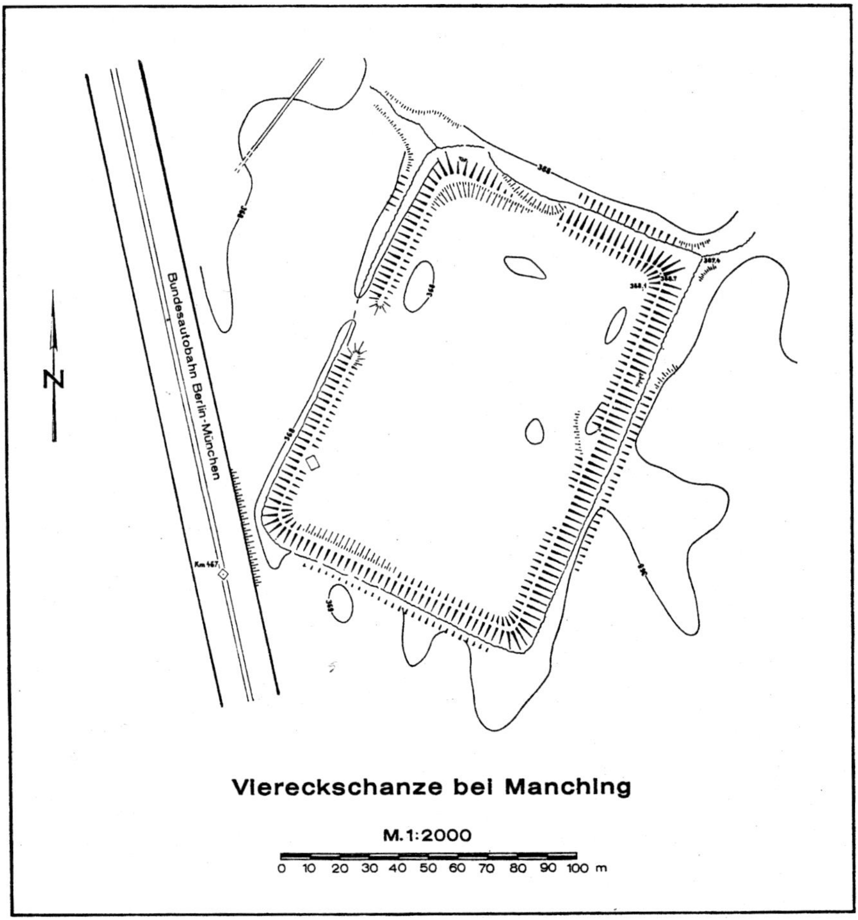

Abb. 140 Die Viereckschanze südlich von Manching, direkt östlich der Autobahn gelegen.

Gegenstand künftiger Forschung wird es sein, den Machtbereich Manchings genauer einzugrenzen. So erhebt sich die Frage nach den Beziehungen zu dem nur 40 km entfernten *Alkimoennis* (Kelheim) an der Mündung der Altmühl in die Donau. Endete der Einfluss Manchings an der Weltenburger Enge oder wurde Manching auch von Kelheim mit Eisen, das dort nachweislich in großem Umfang gewonnen wurde, und anderen Produkten beliefert? Es gibt einzelne Funde, deren Ähnlichkeit so groß ist, dass man von sehr engen Verbindungen ausgehen möchte (Abb. 141). War Kelheim Außen- und Grenzposten? Auffällig ist vor allem, dass die Amphoren nur bis Manching gelangt sind, was dessen Position als Zentralort unterstreicht.

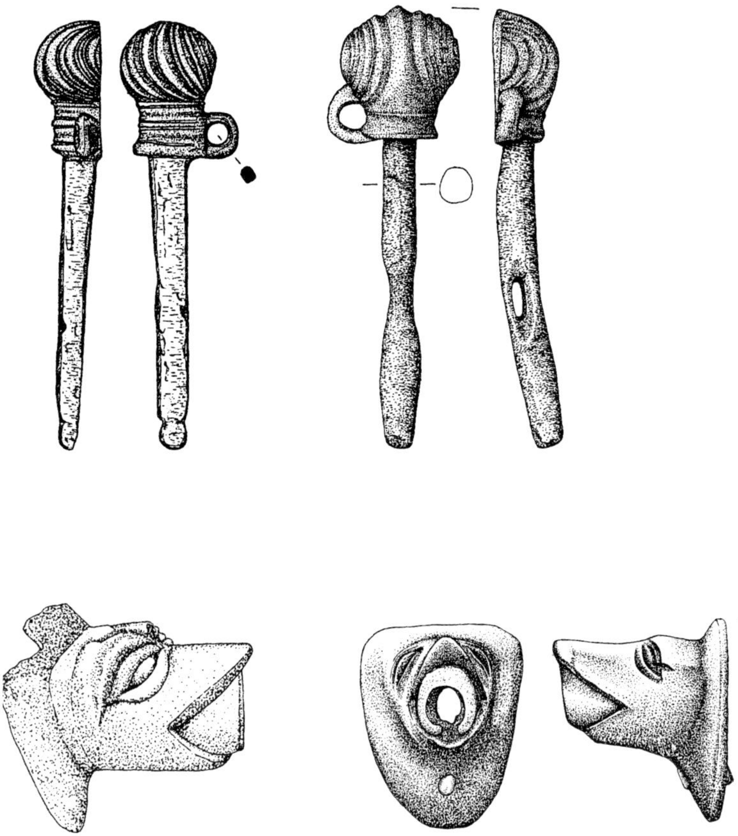

Abb. 141 Bronzegegenstände aus einer Werkstatt? Achsnägel aus Manching (rechts) und Berching-Pollanten; Hundeköpfe aus Manching (rechts) und Kelheim

Ebenso wenig ist das Verhältnis zwischen Manching und Berching-Pollanten, einer offenen Siedlung nördlich von Manching, geklärt. Hier bestand ein Zentrum der Eisenverarbeitung, hier wurden aber auch Münzen geprägt. Es ist denkbar, dass Berching-Pollanten anfangs mit Manching konkurrierte, dass es dann aber in den Einflussbereich des Oppidums geriet, was durch Beobachtungen an der Keramik und an den Münzen nahe gelegt wird.

Die Herkunft der zum Mauerbau benötigten Kalksteine und der Mühlsteine verweist auf das Ingolstädter Becken, das Manching mit Sicherheit beherrscht hat. Den darüber hinaus gehenden Einfluss, der nicht immer gleichbleibend gewesen sein wird, gilt es noch zu erforschen.

Ausblick auf die Römerzeit

Die in keltischer Zeit wichtige Verkehrsachse entlang des Südufers der Donau spielte auch in römischer Zeit eine hervorragende Rolle. Dass man aber für eine Truppenstationierung um die Mitte des 1. Jahrhunderts n. Chr. nicht Manching, sondern das benachbarte Oberstimm wählte, ist womöglich einerseits auf den ruinösen Zustand der Keltensiedlung und andererseits auf die Tatsache zurückzuführen, dass die Anbindung an die Donau verloren gegangen ist. Die beiden im Bett der Brautlach unmittelbar vor dem Kastell gefundenen Schiffe von Oberstimm beweisen immerhin, dass auch für die Römer der Zugang zur Donau wichtig war. Zwar gibt es spätrepublikanische und frühkaiserzeitliche Einzelfunde in Manching, durch das ja auch die Römerstraße verlief, aber erst im 2. und 3. Jahrhundert n. Chr. häufen sich die Belege derart, dass man auf eine römische Straßenstation bzw. eine ländliche Siedlung schließen kann, die aufgrund der Wallruine mit dem im *Itinerarium Antonii* und in der *Notitia Dignitatum* genannten *Vallatum* identifiziert worden ist. Die zugehörigen Siedlungsspuren sind bei den Ausgrabungen bisher nicht angeschnitten worden; sie scheinen beim Bau des Flugplatzes weitgehend unbeobachtet zerstört worden zu sein, denn dort kamen viele Einzelfunde und kleinere Fundkomplexe zutage. Vor allem Gräber und einige Schatzfunde sind hier zu nennen. Interessant ist immerhin, dass ein römisches Eisengerätedepot in einem der Gräbchen des zentralen keltischen Heiligtums niedergelegt worden ist. Bei anderen Schatzfunden, z. B. dem berühmten »Ingolstädter Silberbecher« sind der Fundort und die Fundumstände unklar. Der Manchinger Silberschatz und ein Depot von Waffen, Teilen von Paraderüstungen, Bronzegeschirr und Eisengerät werden mit den Einfällen der Alamannen im späteren 3. Jahrhundert n. Chr. in Verbindung gebracht. Eine spätrömische Zwiebelknopffibel, die im Bereich des Osttors gefunden wurde, stammt aus der zweiten Hälfte des 4. Jahrhunderts n. Chr. Sie ging sehr wahrscheinlich beim Ausbrechen der Frontsteine aus der Stadtmauer verloren, die für die Römer offenbar einen willkommenen Steinbruch darstellte, wobei nicht bekannt ist, wo sie dieses Material verwendet haben. So haben die Römer zwar Manching nicht erobert, aber sie haben zu seiner Zerstörung beigetragen, die allerdings erst im 20. Jahrhundert n. Chr. ihren eigentlichen Höhepunkt gefunden hat.

Wie erreicht man Manching?

Die große Bedeutung, die Manching in keltischer Zeit erreicht hat, hängt mit Sicherheit mit seiner verkehrsgünstigen Lage zusammen. Hier schnitten sich Nord-Süd und Ost-West verlaufende Wege. Genauso ist es auch heute (Abb. 142). Am einfachsten ist Manching, dank eines eigenen Autobahnanschlusses, über die Strecke München–Nürnberg (A 9) zu erreichen. Da aber die Lage der Keltenstadt für uns heute eher unauffällig ist – der Wall versteckt sich unter Bäumen – orientiert man sich innerhalb des Ortes am besten am heutigen Ortszentrum, der Kirche. Sie steht etwa dort, wo wir in keltischer Zeit das Westtor des Oppidums vermuten, von dem aus wohl auch damals schon eine Brücke über das Flüsschen Paar geführt hat. Gegenüber der Kirche, im alten Rathaus der Marktgemeinde Manching, ist das Heimatmuseum untergebracht, das nicht nur über die keltische Vergangenheit Manchings informiert. Von hier aus kann man sich anhand einer Schautafel gut orientieren.

Abb. 142 Manching und sein Oppidum. 1 Heimatmuseum; 2 geplantes Keltisch-Römisches Museum; 3 Rekonstruktion Osttor; 4 Südtor; 5 Osttor

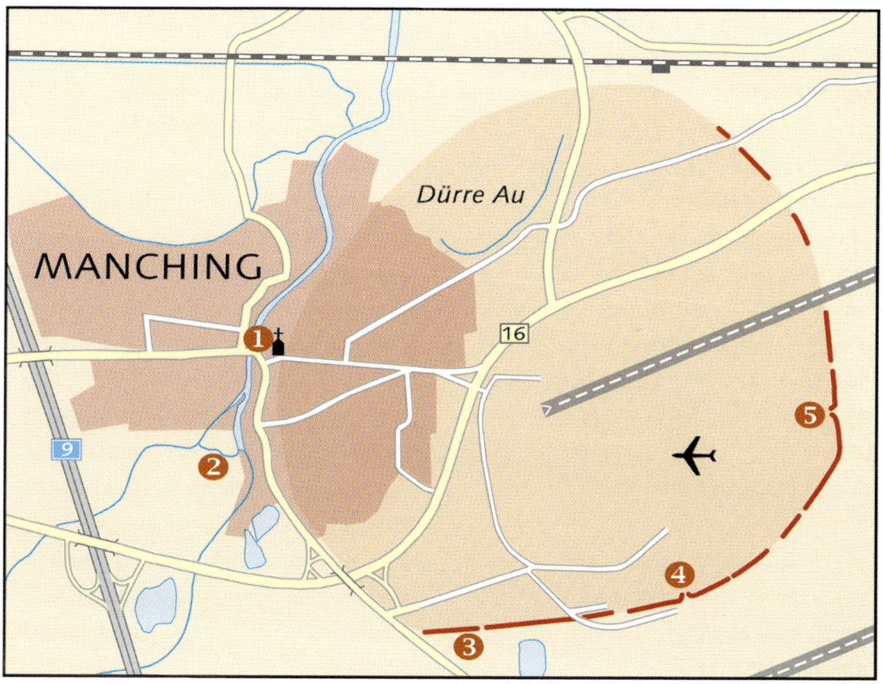

Abb. 143 Rekonstruktion des Osttores ohne Torhaus an der Straße nach Geisenfeld

Auch wenn man sich Manching über die Landstraße nähert, z. B. über die B 16 aus Richtung Regensburg oder Ingolstadt, führen letztlich alle Wege ins Ortszentrum an der Kirche. Gleiches gilt für diejenigen, die mit dem Bus anreisen (Linie 16 über Ingolstadt, vorbei am dortigen Hauptbahnhof). Er hält ganz in der Nähe der Paarbrücke (außerhalb des Oppidums) in Sichtweite der Kirche. Im Ortszentrum findet der Reisende auch etliche Gasthäuser, teils mit Biergarten, die zum Verweilen einladen. Um den im Gelände z. T. gut erhaltenen Wall zu erreichen, folgt man der Ausschilderung des Flugplatzes. Auf dem halben Weg dorthin wird man künftig im neuen Museum Halt machen können.

Der Wanderweg auf dem Wall

Will man sich einen Eindruck von der Größe der Keltenstadt verschaffen, sollte man eine Wanderung vom rekonstruierten Osttor (ausgeschildert an der Straße nach Geisenfeld) zu dessen Originalstandort unternehmen (Abb. 142). Als Markierung dient die am Osttor gefundene Silensmaske (Abb. 114). Wenngleich das vom Manchinger Keltisch-Römischen Freundeskreis im Maßstab 1:1 rekonstruierte Modell (Abb. 143) keine Vorstellung von den verwendeten Baumaterialien vermittelt und außerdem das einst gewaltige Torhaus fehlt, so erhält man dennoch einen ganz vorzüglichen Eindruck von der Monumentalität spätkeltischer Toranlagen. Der Wanderweg, der gleich hinter dem Tor beginnt und meist auf dem Wall entlangführt, zeigt u. a. eindrücklich, wie gefährdet das Kulturdenkmal »Oppidum Manching« ist. Immer wieder wird der Wall von Straßen durchschnitten, von Wegen, die zu Großparkplätzen führen. Bereits früher, ja schon in römischer Zeit, ist die in ihrem Kern aus Kalksteinen bestehende keltische Stadtmauer als Steinbruch genutzt worden; vor allem die Steinblöcke der Mauerfront waren zum Hausbau begehrt; Sand holte man sich

aus der Anböschung, sodass sich uns der Wall heute tief zerfurcht präsentiert. Nur das noch nicht ausgegrabene Südtor liegt so gut wie unberührt im Gelände.
Hier wird klar, dass die Wege, die auf dieses Tor zugelaufen sind, nie nachzuweisen sein werden, liegt doch im Inneren des Oppidums der im Zweiten Weltkrieg zerstörte und später wieder in Betrieb genommene Militärflugplatz, und werden außerhalb und neuerdings auch innerhalb des Mauerrings von der EADS, früher MBB, Flugzeuge gewartet. Zu spät ist auch den Archäologen bewusst geworden, dass das Territorium eines so gewaltigen Oppidums nicht an seiner Stadtmauer endete. Wie die Beispiele anderer Oppida gezeigt haben, wurden an den Ausfallstraßen Gräber angelegt, oder es befanden sich hier weitere Fertigungsstätten.
Erreichen wir schließlich das Osttor, so finden wir die gleiche zangenförmige Torform vor wie beim Südtor, nur dass man das Osttor ausgegraben und in seiner Grundform wiederhergestellt hat. Auch heute führt ein Weg hindurch. Eine Schautafel zeigt den Grabungsbefund und die Rekonstruktion der frühesten Bauphase. Der aufmerksame Besucher kann einige Pfostenstellungen und eine Andeutung der Mauerfront am Originalstandort entdecken; sie erleichtern den Vergleich mit der Schautafel. Ist das Osttor heute teils schon etwas zugewuchert, so hat sich am Blick hinüber zur Kirche nichts geändert. Von hier aus gewinnt man eine Vorstellung von der Größe der Siedlung, und man versteht, dass die Archäologen davon überzeugt sind, dass für Oppidum von Manching der Begriff »Stadt« angebracht ist.

Museen

München: Archäologische Staatssammlung, Lerchenfeldstr. 2, 80538 München
Öffnungszeiten: Dienstag bis Sonntag 9.00–16.30 Uhr
Tel. (089) 2112402

Ingolstadt: Stadtmuseum im Kavalier Hepp, Auf der Schanz 45,
85049 Ingolstadt
Öffnungszeiten: Dienstag bis Freitag 9.00–17.00 Uhr
Samstag und Sonntag 10.00–17.00 Uhr
Tel. (0841) 3051885

Manching: Heimatmuseum, Ingolstädter Straße 2, 85077 Manching
Öffnungszeiten: erster Samstag im Monat 14.00–16.00 Uhr und nach Anmeldung
Tel. (08459) 850

Bibliographie

E. Albrecht/H. Mayr, 2000 Jahre Manching. Von der Keltenstadt zur modernen Marktgemeinde (Manching 1991).

M. Bachmann, Schädelreste des Rindes aus dem keltischen Oppidum von Manching. Stud. vor- u. frühgesch. Tierreste Bayerns 14 (München 1962).

J. Boessneck, Die Tierknochenfunde aus dem Oppidum von Manching. In: Zur Entwicklung vor- und frühgeschichtlicher Haus- und Wildtiere Bayerns im Rahmen der gleichzeitigen Tierwelt Mitteleuropas (München 1958) 16–18.

J. Boessneck, Zu den Tierknochenfunden aus dem Oppidum von Manching. Germania 39, 1961, 368–383.

J. Boessneck/A. von den Driesch/U. Meyer-Lemppenau/E. Wechsler-von Ohlen, Die Tierknochenfunde aus dem Oppidum von Manching. Ausgr. Manching 6 (Stuttgart 1971).

R. D. Bott/R. Gebhard/G. Grosse/J. Riederer/F. E. Wagner/U. Wagner, The Oppidum of Manching: A Center of Celtic Culture in Early Europe. Naturwissenschaften 81, 1994, 560–562.

R. D. Bott/R. Gebhard/F. E. Wagner/U. Wagner, Mössbauer Study of Graphite Ware from the Celtic Oppidum of Manching. Hyperfine Interactions 91, 1994, 639–644.

S. Burmeister/T. Weski, Archäologische Untersuchungen im Zuge des Ausbaus der Straße Manching-Westenhausen. Sammelbl. Hist. Ver. Ingolstadt 101, 1992, 9–25.

K. Castelin, Wann endete der keltische Münzumlauf in Manching? Schweizer Münzbl. 23, 1973, 119–125.

G. Dürr, Neue Funde des Rindes aus dem keltischen Oppidum von Manching. Stud. vor- u. frühgesch. Tierreste Bayerns 12 (München 1961).

D. van Endert, Das Osttor des Oppidums von Manching. Mit Beiträgen von E. Hahn und R. Streit. Ausgr. Manching 10 (Stuttgart 1987).

D. van Endert, Die Bronzefunde aus dem Oppidum von Manching. Kommentierter Katalog. Ausgr. Manching 13 (Stuttgart 1991).

St. Fichtl/J. Metzler/S. Sievers, Le rôle des sanctuaires dans le processus d'urbanisation. In: V. Guichard/O.-H. Urban/S. Sievers (Hrsg.), Les processus d'urbanisation à l'âge du Fer. Bibracte 4 (Glux-en-Glenne 2000) 221–228.

U. Förster, Die Pferdephalangen aus dem keltischen Oppidum von Manching. Stud. vor- u. frühgesch. Tierreste Bayerns 8 (München 1960).

K. G. Frank, Neue Funde des Pferdes aus dem keltischen Oppidum von Manching. Stud. vor- u. frühgesch. Tierreste Bayerns 13 (München 1962).

O.-H. Frey, Ein bemaltes Spätlatènegefäß aus Manching. In: The Celts in Central Europe. Papers of the II. Pannonia Conference (Székesfehérvár 1975) 199–201.

R. Gebhard, Der Glasschmuck aus dem Oppidum von Manching. Ausgr. Manching 11 (Stuttgart 1989).

R. Gebhard, Le verre à Manching: Données chronologiques et apport des analyses. In: M. Feugère (Hrsg.), Le verre Préromain en Europe occidentale (Montagnac 1989) 99–106.

R. Gebhard, Ein keltisches Kultbäumchen aus dem Oppidum von Manching. Münchner Jahrb. Bildende Kunst 41, 1990, 188 f.

R. Gebhard, Die Fibeln aus dem Oppidum von Manching. Ausgr. Manching 14 (Stuttgart 1991).

R. Gebhard, Ein Wirtshaus in Manching? Sondagegrabung 1994 im Oppidum. Arch. Jahr Bayern 1994, 88–90.

R. Gebhard, The Celtic Oppidum of Manching and

its Exchange System. In: J. D. Hill/C. G. Cumberpatch (Hrsg.), Different Iron Ages. Studies on the Iron Age in Temperate Europe. BAR Internat. Ser. 602, 1995, 111–120.
R. Gebhard, Diverse Beiträge. In: R. Gebhard/J. Fridrich/J. Hrala/G. Lehrberger (Hrsg.), Das Prähistorische Gold in Bayern, Böhmen und Mähren. Pam. Arch. Suppl. 7 (Prag 1997) passim.
R. Gebhard, 80 Quadratmeter Manching. Bayer. Vorgeschbl. 65, 2000, 85–96.
R. Gebhard/M. Feugère, Die Glasgefäßfragmente aus dem Oppidum von Manching. Germania 73, 1995, 504–511.
R. Gebhard/G. Grosse/U. Wagner, Waste in open settlements: The evidence from the Celtic Oppidum of Manching. In: E. Pernicka/G. A. Wagner (Hrsg.), Archaeometry 90. Proc . Internat. Symposium on Archaeometry, Heidelberg 1990 (Heidelberg 1991) 385–394.
R. Gebhard/G. Kossack/J. Riederer/R. Schwabe/U. Wagner, Coloration of Celtic Glass from Manching. In: Y. Maniatis (Hrsg,), Archaeometry. Proc. 25th Internat. Symposium on Archaeometry, Athens 1986 (Amsterdam 1989) 207–215.
R. Gebhard/H. P. Uenze, Neue Funde aus dem keltischen Oppidum von Manching. Mitt. Freunde Bayer. Vor- u. Frühgesch. 54, 1989.
R. Gebhard/U. Wagner, Spuren der Räter nördlich der Alpen? Alpine Funde aus Manching und Südbayern. In: I. R. Metzger (Red.), Die Räter. Ausstellungskat. Chur (Bozen 1992) 275–281.
U. Geilenbrügge, Les repers chronologiques fournis par la ceramique mise au jour dans le remplissage des fosses de l'oppidum de Manching, Bavière. In: Les Gaulois d'Armorique. Actes du XIIe colloque AFEAF 1988. Rev. Arch. Ouest Suppl. 3 (Rennes 1990) 233–244.
U. Geilenbrügge/E. Hahn/T. Weski, Ausgrabungen 1984 und 1985 im spätkeltischen Oppidum von Manching. Arch. Jahr Bayern 1985, 91–93.
R. Gensen, Manching III. Die Ausgrabungen des Osttores in den Jahren 1962 bis 1963. Germania 43, 1965, 49–62.
H. Gerdsen, Das Fragment eines eisernen Hallstattschwertes aus dem Oppidum von Manching. Germania 60, 1982, 560–564.
E. Hahn, Zur Bestattungssitte in der Spätlatènezeit. Neue Skelettfunde aus dem Oppidum von Manching. In: M. Kokabi/E. May (Hrsg.), Beiträge zur Archäozoologie und prähistorischen Anthropologie II, 1999, 137–141.
C.-M. Hüssen/M. Leicht/S. Sievers, Neue Ausgrabungen im Oppidum von Manching. Arch. Jahr Bayern 1996, 107–110.
G. Jacobi, Werkzeug und Gerät aus dem Oppidum von Manching. Ausgr. Manching 5 (Wiesbaden 1974).
G. Jacobi, Zum Schriftgebrauch in keltischen Oppida nördlich der Alpen. Hamburger Beitr. Arch. 4, 1974, 171–181.
G. Jacobi, Haus und Handwerk im keltischen Oppidum. Wohnungsbau im Altertum. Diskussionen zur archäologischen Bauforschung 3, 1979, 75–84.
G. Jacobi, Verzierte Schwertscheiden vom Frühlatèneschema aus den Flachgräbern von Manching. Germania 60, 1982, 565–568.
I. Kappel, Die Graphittonkeramik von Manching. Mit Beiträgen von J. Frechen und E. Woermann. Ausgr. Manching 2 (Wiesbaden 1969).
H.-J. Kellner, Die älteste keltische Fundmünze aus dem Oppidum von Manching. Germania 39, 1961, 299–305.
H.-J. Kellner, Die Münzfunde von Manching und die keltischen Fundmünzen aus Südbayern. Unter Mitarbeit von M. Overbeck und E. Kellner. Mit Beiträgen von A. Hartmann, B. Overbeck und

U. Zwicker. Ausgr. Manching 12 (Stuttgart 1990).
H. Klumbach, Römische Panzerbeschläge aus Manching, Landkreis Ingolstadt. Aus Bayerns Frühzeit [Festschr. Friedrich Wagner] (München 1962) 187–193.
Th. Knopf/M. Leicht/S. Sievers, Die großen süddeutschen Oppida Heidengraben, Manching und Kelheim. In: V. Guichard/O.-Urban/S. Sievers (Hrsg.), Les processus d'urbanisation à l'âge du Fer. Coll. Bibracte 4 (Glux-en-Glenne 2000) 215–220.
U. Körber-Grohne, Pflanzliche Abdrücke in eisenzeitlicher Keramik – Spiegelbild damaliger Nutzpflanzen? Fundber. Baden-Württemberg 6, 1981, 165–211.
K. Kraft, Ein neues Militärdiplomfragment aus Manching (Raetien). Germania 34, 1956, 75–83.
W. Krämer, Ein außergewöhnlicher Latènefund aus dem Oppidum von Manching. In: G. Behrens/J. Werner (Hrsg.), Reinecke-Festschrift (Mainz 1950) 84–95.
W. Krämer, Manching I. Zu den Ausgrabungen in dem keltischen Oppidum von Manching 1955. Germania 35, 1957, 32–44.
W. Krämer, Manching, ein vindelikisches Oppidum an der Donau. Neue Ausgrabungen in Deutschland (Berlin 1958) 175–202.
W. Krämer, The Oppidum of Manching. Antiquity 34, 1960, 191–200.
W. Krämer, Fremder Frauenschmuck aus Manching. Germania 39, 1961, 305–322.
W. Krämer, Manching II. Zu den Ausgrabungen in den Jahren 1957 bis 1961. Germania 40, 1962, 293–317.
W. Krämer, Der Fundort des sogenannten Ingolstädter Silberbechers im Münchner Antiquarium. Bayer. Vorgeschichbl. 32, 1967, 23–28.
W. Krämer, The Celtic Oppidum of Manching. In: Field Guide to Prehistoric Sites in Württemberg and Bavaria (Wiesbaden 1969) 23.
W. Krämer, Ausgrabungen in einer Keltenstadt. Bild der Wissenschaft 9/1969, 840–849.
W. Krämer, Silberne Fibelpaare aus dem letzten vorchristlichen Jahrhundert. Germania 49, 1971, 111–132.
W. Krämer, Das keltische Oppidum bei Manching. In: O. Kunkel u. a., Vor- und frühgeschichtliche Archäologie in Bayern (München 1972) 119–129.
W. Krämer, La fin de la civilisation de La Tène et l'occupation romaine au Nord des Alpes. Etudes Celtiques 13, 1973, 629–643.
W. Krämer, Das keltische Oppidum bei Manching. In: Th. Müller/W. Reissmüller in Zusammenarbeit mit S. Hoffmann (Hrsg.), Ingolstadt. Die Herzogsstadt – Die Universitätsstadt – Die Festung, Bd. 1 (Ingolstadt 1974) 19–54.
W. Krämer, Zwanzig Jahre Ausgrabungen in Manching 1955 bis 1974. Ausgrabungen in Deutschland, Teil 1 (Mainz 1975) 287–297.
W. Krämer, Graffiti auf Spätlatènekeramik aus Manching. Germania 60, 1982, 489–499.
W. Krämer, Die Grabfunde von Manching und die latènezeitlichen Flachgräber in Südbayern. Ausgr. Manching 9 (Stuttgart 1985).
W. Krämer, Das eiserne Roß von Manching. Fragmente einer mittellatènezeitlichen Pferdeplasik. Unter Mitwirkung von R. Gebhard u. H.-J. Hundt. Germania 67, 1989, 519–539.
W. Krämer, Figürliche Ritzzeichnungen auf Gefäßscherben Glatter Drehscheibenkeramik der Mittel- bis Spätlatènezeit. Germania 74, 1996, 361–376.
W. Krämer, Keltische Gewichte aus Manching. Arch. Anzeiger 1997, 73–78.
W. Krämer/R. Gebhard, Das Oppidum von Manching. In: H. Dannheimer/R. Gebhard (Hrsg.), Das keltische Jahrtausend. Ausstellungskat. Rosenheim (Mainz 1993) 107–119.

W. Krämer/F. Schubert, Die Ausgrabungen in Manching 1955 bis 1961. Einführung und Fundstellenübersicht. Mit einem Beitrag von K. Brunnacker. Ausgr. Manching 1 (Wiesbaden 1970).
W. Krämer/F. Schubert, Zwei Achsnägel aus Manching. Zeugnisse keltischer Kunst der Mittellatènezeit. Jahrb. DAI 94, 1979, 366–389.
O. Kunkel, Ausgrabungen in der Keltenstadt bei Manching an der Donau. Ausstellung der Prähist. Staatsslg. 1960 u. 1961. Führungsheft (München 1961).
O. Kunkel, Zur Frage keltischer Glasindustrie. Nach einer Manchinger Fundgruppe. Germania 39, 1961, 322–329.
G. Lange, Die menschlichen Skelettreste aus dem Oppidum von Manching. Ausgr. Manching 7 (Wiesbaden 1983).
M. Leicht/W. Scharff, Keltischer Kalkmörtel. Arch. Deutschland 4/2002, 41 f.
M. Leicht/S. Sievers, Recycling im Oppidum von Manching? Arch. Jahr Bayern 1998, 60–62.
H.-U. Liepe, Die Pferde des Latène-Oppidums Manching. Stud. vor- u. frühgesch. Tierreste Bayerns 4 (1958).
H. Lorenz, Neue Untersuchungen im Oppidum von Manching. Arh. Vestnik 36, 1985, 137–146.
H. Lorenz, Rundgang durch eine keltische »Stadt« (Pfaffenhofen 1986).
H. Lorenz, Gedanken zur bemalten Keramik aus der Spätkeltischen Siedlung in Manching. In: Actes du Symposium international d'Hautvillers 9–11. Octobre 1987. Mém. Soc. Arch. Champenoise 5. Suppl. 1, 1991, 249–264.
F. Maier, Zur bemalten Spätlatènekeramik aus dem Oppidum von Manching. Germania 39, 1961, 360–368.
F. Maier, Zur bemalten Spätlatènekeramik in Mitteleuropa. Germania 41, 1963, 259–268.
F. Maier, Die bemalte Spätlatène-Keramik von Manching. Ausgr. Manching 3 (Wiesbaden 1970).
F. Maier, Ein Gefäßdepot mit bemalter Keramik von Manching. Germania 54, 1976, 63–74.
F. Maier, Vorbericht über die Ausgrabung 1984 in dem spätkeltischen Oppidum von Manching. Unter Mitarbeit von U. Geilenbrügge, T. Weski, E. Hahn, H.-J. Köhler u. S. Sievers. Germania 63, 1985, 17–55.
F. Maier, Vorbericht über die Ausgrabung 1985 in dem spätkeltischen Oppidum von Manching. Unter Mitarbeit von U. Geilenbrügge, H. Küster, T. Weski, E. Hahn, H.-J. Köhler u. S. Sievers. Germania 64, 1986, 1–43.
F. Maier, Das Kultbäumchen von Manching. Ein Zeugnis hellenistischer und keltischer Goldschmiedekunst aus dem 3. Jahrhundert v. Chr. Germania 68, 1990, 129–165.
F. Maier, L'oppidum di Manching. In: I Celti. Ausstellungskat. Venedig (Milano 1991) 530–531.
F. Maier, Le petit arbre cultuel de Manching. In: Les sanctuaires celtiques et le monde méditerranéen. Actes du colloque de St-Riquier (Paris 1991) 241–249.
F. Maier, Eiche und Efeu. Zu einer Rekonstruktion des Kultbäumchens von Manching. Germania 79, 2000, 297–307.
F. Maier/U. Geilenbrügge/E. Hahn/H.-J. Köhler/S. Sievers, Ergebnisse der Ausgrabungen 1984–1987 in Manching. Mit Beiträgen von N. Nieszery, Th. Hilgart, I. Keesmann, H. Thiemeyer, R. Schramedei, K. Brunnacker u. H. Küster. Ausgr. Manching 15 (Stuttgart 1992).
F. Maier u. a., Manching und Tarent. Zur Vergoldungstechnik des keltischen Kultbäumchens und hellenistischer Blattkränze. Germania 76, 1998, 177–216.
R. A. Maier, Zu keltischen Würfelfunden aus dem

Oppidum von Manching. Germania 39, 1961, 354–360.
O. Nanninga, Neue Funde des Schweines aus dem keltischen Oppidum von Manching. Stud. vor- u. frühgesch. Tierreste Bayerns 15 (München 1963).
F. Oberdorfer, Die Hunde des Latène-Oppidums Manching. Stud. vor- u. frühgesch. Tierreste Bayerns 7 (München 1959).
G. Opitz, Die Schweine des Latène-Oppidums Manching. Stud. vor- u. frühgesch. Tierreste Bayerns 3 (München 1958).
W. Petri, Neue Funde des Hundes aus dem keltischen Oppidum von Manching. Stud. vor- u. frühgesch. Tierreste Bayerns 10 (München 1961).
D. Pfund, Neue Funde von Schaf und Ziege aus dem keltischen Oppidum von Manching. Stud. vor- u. frühgesch. Tierreste Bayerns 11 (München 1961).
V. Pingel, Die glatte Drehscheiben-Keramik von Manching. Ausgr. Manching 4 (Wiesbaden 1971).
R. Pleiner, A Celtic bronze-coated iron sword blade from Manching. In: Th. Rehren/A. Hauptmann/J. D. Muhly (Hrsg.), Metallurgica Antiqua. In Honour of Hans-Gert Bachmann and Robert Maddin. Der Anschnitt, Beiheft 8 (Bochum 1998) 163–170.
K. Pölloth, Die Schafe und Ziegen des Latène-Oppidums Manching. Stud. vor- u. frühgesch. Tierreste Bayerns 6 (München 1959).
J. Reichart, Neue Bodenfunde von Manching. Sammelbl. Hist. Ver. Ingolstadt 55, 1937, 5–29.
J. Reichart, Das Gräberfeld am Hundsrucken (bei Manching). Sammelbl. Hist. Ver. Ingolstadt 56, 1938, 59–71.
P. Reinecke, Bodendenkmale spätkeltischer Eisengewinnung an der untersten Altmühl. Ber. RGK 24/25, 1934/35, 128–228.
P. Reinecke, Zur Geschichte und Topographie von Vallatum. Sammelbl. Hist. Ver. Ingolstadt 59, 1950, 3–38.
G. Riedel, Eine frühlatènezeitliche Pferdchenfibel aus dem Bereich des Oppidums von Manching. Sammelbl. Hist. Ver. Ingolstadt 102/102, 1993/1994, 197–204.
O. Rochna, Zur Herkunft der Manchinger Sapropelit-Ringe. Germania 39, 1961, 329–354.
O. Rochna, Ein Gräberfeld der jüngeren Urnenfelderkultur (Hallstatt B) von Manching, Landkreis Ingolstadt. Bayer. Vorgeschbl. 27, 1962, 61–81.
O. Rochna, Prähistorische Funde aus Manching, Landkreis Ingolstadt. Germania 41, 1963, 92–99.
O. Rochna, Verzierte Scheiben- und Ruderkopfnadeln der frühen Bronzezeit aus Manching. Germania 43, 1965, 295–319.
A. Schäfer, Münzen im archäologischen Kontext. Das Beispiel der spätkeltischen Siedlung von Berching-Pollanten, Ldkr. Neumarkt i. d. Opf. Num. Manuskripte 17, 1999, 23–39.
J. Schäffer/U. Steger, Zu neuen Tierknochenfunden aus dem Oppidum von Manching (Grabungsjahre 1965–1967 und 1971). Germania 63, 1985, 57–73.
F. Schneider, Die Rinder des Latène-Oppidums Manching. Stud. vor- u. frühgesch. Tierreste Bayerns 5 (München 1958).
F. Schubert, Manching IV. Vorbericht über die Ausgrabungen in den Jahren 1965 bis 1967. Germania 50, 1972, 110–121.
F. Schubert, Neue Ergebnisse zum Bebauungsplan des Oppidums von Manching. Ber. RGK 64, 1983, 5–19.
F. Schubert, Metrologische Untersuchungen zu einem keltischen Längenmaß. Germania 70, 1992, 293–305.
F. Schubert, Zur Maß- und Entwurfslehre keltischer Holzbauten im Oppidum von Manching. Germania 72, 1994, 133–192.
F. Schubert, Keltische Umgangstempel von Ingol-

stadt-Zuchering? In: K.-H. Rieder/A. Tillmann, Archäologie um Ingolstadt. Die archäologischen Untersuchungen beim Bau der B 16 und der Bahnverlegung (Kipfenberg 1995) 127–185.
F. Schubert, Ein neues Schriftzeugnis aus dem Oppidum von Manching. Sammelbl. Hist. Ver. Ingolstadt 110, 2001, 37–55.
F. Schubert/S. Grunauer-von Hoerschelmann, Archäologie und Photographie (Berlin 1978) Nr. 11; 22; 43.
R. Schwab, Evidence for carburised steel and quench-hardening in the »Celtic« oppidum of Manching. Hist. Metallurgy 36 (1), 2002, 6–16.
W. Schweizer, Zur Frühgeschichte des Haushuhns in Mitteleuropa. Stud. vor- u. frühgesch. Tierreste Bayerns 9 (München 1961).
S. Sievers, Die Waffen von Manching unter Berücksichtigung des Übergangs von LT C zu LT D. Germania 67, 1989, 97–120.
S. Sievers, Armes et sanctuaires à Manching. In: Les sanctuaires celtiques et le monde méditerranéen. Actes du colloque de St.-Riquier (Paris 1991) 146–155.
S. Sievers, Manching im Lichte neuerer Grabungsergebnisse. In: E. Jerem (Hrsg.), Die Kelten in den Alpen und an der Donau. Akten des internat. Symposions, St. Pölten, 14.–18. Oktober 1992 (Budapest 1992) 322–334.
S. Sievers, Das Oppidum von Manching. Arch. Deutschland 3/1993, 32–36.
S. Sievers, Zu einigen Waffen aus einem Manchinger Depotfund. In: C. Dobiat (Hrsg.), Festschrift für Otto-Herman Frey zum 65. Geburtstag. Marburger Stud. Vor- u. Frühgesch. 16 (Marburg 1994) 595–602.
S. Sievers, »Manching«. Enciclopedia dell'arte antica classica e orientale. 2. Suppl. III (Roma 1995) 532–534.
S. Sievers, Eine unendliche Grabungsgeschichte. Praxis Geschichte 3/1996, 46–48.
S. Sievers, Vorbericht über die Ausgrabungen 1996–1997 im Oppidum von Manching. In Zusammenarbeit mit R. Gebhard, E. Hahn, H. Küster, M. Leicht, H. Manhart, M. Trappe u. B. Ziegaus. Germania 76, 1998, 619–672.
S. Sievers, Manching – Aufstieg und Niedergang einer Keltenstadt. Ber. RGK 80, 1999, 5–24.
S. Sievers, Manching – die Keltenstadt. In: Archäologische Entdeckungen. Die Forschungen des Deutschen Archäologischen Instituts im 20. Jahrhundert (Mainz 2000) 186–189.
S. Sievers, Vorbericht über die Ausgrabungen 1998–1999 im Oppidum von Manching. In Zusammenarbeit mit R. Gebhard, M. Leicht, R. Schwab, J. Völkel, B. Weber u. B. Ziegaus. Germania 78, 2000, 355–394.
S. Sievers, Manching. RGA^2 Bd. 19 (2001) 208–212 Taf. 4–5.
S. Sievers, Les attestations d'une aristocratie de la civilisation des oppida dans le sud de l'Allemagne. In: V. Guichard (Hrsg.), L'aristocratie celte à la fin de l'âge du Fer. Coll. Bibracte 5 (Glux-en-Glenne 2002) 167–173.
S. Sievers, Manching revisted. Antiquity 76, 2002, 943 f.
W. E. Stöckli, Bemerkungen zur räumlichen und zeitlichen Gruppierung der Funde im Oppidum von Manching. Germania 52, 1974, 368–385.
W. E. Stöckli, Die Grob- und Importkeramik von Manching. Mit Beiträgen von M. Hopf und J. Riederer. Ausgr. Manching 8 (Wiesbaden 1979).
K. H. Wagner, Die keltische Mauer von Manching. BA. Ingolstadt. Germania 22, 1938, 157–160.
K. H. Wagner, Untersuchungen am Wall der spätkeltischen Stadt von Manching, Landkreis Ingolstadt. Bayer. Vorgeschbl. 16, 1942, 10–20.

F. Weber, Latènefunde in der Umgebung von Ingolstadt. Korrbl. f. Anthr. 34, 1903, 25–57.
S. Wiedmann, Eine frühbronzezeitliche Grube aus Manching. Germania 76, 1998, 839–846.
E. L. Will, The Roman Amphorae from Manching: a reappraisal. Bayer. Vorgeschbl. 52, 1987, 21–36.
H. Witz, Der Manchinger Spätlatène-Wohnstättenfund. Sammelbl. Hist. Ver. Ingolstadt 34, 1910–1913,

Abbildungsnachweis

Archäologische Staatssammlung (M. Eberlein): 31, 61, 67, 74, 76, 79, 81, 84, 85, 88, 89 rechts, 90, 98, 105, 124, 127, 132

Archiv Forschungsstelle der RGK Ingolstadt: 2, 3, 6, 7, 9, 10, 13–15, 25, 35, 37, 50–52, 54, 56, 57, 64, 66, 71, 73, 94, 107–109, 139

J. Bahlo (RGK): 4, 30, 44 oben, 47, 60, 62, 77, 78, 86, 87, 89 links, 92, 93, 95, 99, 100, 102, 104 oben, 106, 113, 116, 117, 119–121, 123, 125, 135–138 und Vorsatzblatt

aus: H. Dannheimer/R. Gebhard (Hrsg.), Das keltische Jahrtausend (1993): 11, 58 (Abb. 100)

aus: D. van Endert, Das Osttor des Oppidums von Manching (1987): 111 (Abb. 18,1), 112 (Abb. 19), 114 (Taf. 6,43)

aus: D. van Endert, Die Bronzefunde aus dem Oppidum von Manching (1991): 97, 122, 126, 128, 130, 131, 141 unten

aus: Th. Fischer/S. Rieckhoff-Pauli/K. Spindler, Grabungen in der spätkeltischen Siedlung im Sulztal bei Berching-Pollanten. Landkreis Neumarkt, Oberpfalz. Germania 62, 1984, Abb. 18,6: 141 links oben

R. Gebhard: 46

aus: R. Gebhard, Der Glasschmuck aus dem Oppidum von Manching (1989) Beilage 4: 49

aus: R. Gebhard, Die Fibeln aus dem Oppidum von Manching (1991): 101, 130

aus: R. Gebhard/M. Feugère, Die Glasgefäßfragmente aus dem Oppidum von Manching. Germania 73, 1995, 505: 96

aus: H. Gerdsen, Das Fragment eines eisernen Hallstattschwertes aus dem Oppidum von Manching. Germania 60, 1982, 561: 26

aus: G. Jacobi, Werkzeug und Gerät aus dem Oppidum von Manching (1974): 43, 44 unten (Abb. 56), 53, 70 (Abb. 26,1), 83, 131

aus: I. Kappel, Die Graphittonkeramik von Manching (1969) 112, Abb. 52: 68

H.-J. Köhler (RGK): 142

aus: W. Krämer, Manching I. Zu den Ausgrabungen in dem keltischen Oppidum von Manching 1955. Germania 35, 1957: 5 (Taf. 2), 140 (Abb. 7)

aus: W. Krämer, Manching II. Zu den Ausgrabungen in den Jahren 1957 bis 1961. Germania 40, 1962, Beilage 3–4: 41

aus: W. Krämer, Die Grabfunde von Manching und die latènezeitlichen Flachgräber in Südbayern (1985): 20 (auf der Grundlage von Karte 4, S. 63), 21 (Taf. 16), 22 (Taf. 32), 23 (Taf. 37)

aus: W. Krämer, Das eiserne Roß von Manching. Fragmente einer mittellatènezeitlichen Pferdeplastik. Germania 67, 1989, Abb. 8: 104 unten

aus: W. Krämer/F. Schubert, Die Ausgrabungen in Manching 1955 bis 1961. Einführung und Fundstellenübersicht (1970): 1 (Beilage 1), 8 (Beilage 5), 36 (Taf. 6)

aus: H. Küster. In: F. Maier u. a., Ergebnisse der Ausgrabungen 1984–1987 in Manching (1992) 442 (Abb. 3): 17

M. Leicht (RGK): 29

M. Leicht/J. Zyzik (RGK): 48

aus: H. Lorenz, Rundgang durch eine keltische »Stadt« (1986): 55 (Abb. 43), 69 (Abb. 18)

aus: F. Maier, Vorbericht über die Ausgrabungen 1984 in dem keltischen Oppidum von Manching. Germania 63, 1985, Abb. 16,2: 59

aus: F. Maier, Das Kultbäumchen von Manching. Ein Zeugnis hellenistischer und keltischer Goldschmiedekunst aus dem 3. Jahrhundert v. Chr. Germania 68, 1990, Abb. 4,2: 32

aus: F. Maier u. a., Ergebnisse der Ausgrabungen 1984–1987 in Manching (1992): 45, 65, 75 (Abb. 91,2

und Taf. 114,4), 82 (Abb. 92), 129 (Abb. 80,7), 131 (Abb. 72,8)
A. Mittermüller: 63, 80
aus: Das Rätsel der Kelten vom Glauberg (2002) 47, Abb. 25: 19
nach: S. Rieckhoff-Pauli. In: Die Römer in Schwaben (1985) 16, Abb. 2: 134
K. Ruppel (RGK): 115
aus: S. v. Schnurbein/S. Sievers, Ber. RGK 81, 2000: 72 (Abb. 3), 110 (Abb. 2)
aus: F. Schubert, Neue Ergebnisse zum Bebauungsplan des Oppidums von Manching. Ber. RGK 64, 1983, Abb. 1: 27
aus: F. Schubert, Zur Maß- und Entwurfslehre keltischer Holzbauten im Oppidum von Manching. Germania 72, 1994: 40 (Beilage 21), 91 (Beilage 4)
auf der Grundlage von: F. Schubert, Keltische Umgangsbauten von Ingolstadt-Zuchering? In: K.-H. Rieder/A. Tillmann, Archäologie um Ingolstadt. Die archäologischen Untersuchungen beim Bau der B 16 und der Bahnverlegung (1995) Abb. 3: 16
S. Sievers: 143
aus: S. Sievers. In: Festschrift Keller (2003): 34
aus: S. Sievers, Armes et sanctuaires à Manching. In: Les sanctuaires celtiques et le monde méditeranéen (1991): 24 (Abb. 5), 28 (Abb. 3)
aus: S. Sievers, Die Waffen von Manching unter Berücksichtigung des Übergangs von LT C zu LT D. Germania 67, 1989, Abb.11: 103
aus: S. Sievers, Vorbericht zu den Ausgrabungen 1998–1999 im Oppidum von Manching. Germania 78, 2000, Abb. 9,6: 131
aus: S. Sievers, Zu einigen Waffen aus einem Manchinger Depotfund. In: C. Dobiat (Hrsg.), Festschrift für Otto-Herman Frey zum 65. Geburtstag (1994) Abb. 2; 4: 33
aus: Spuren der Jahrtausende. Archäologie und Geschichte in Deutschland (2002): 18, 38 (S. 232), 133
U. Timper (RGK): 39
aus: G. Wieland (Hrsg.), Keltische Viereckschanzen. Einem Rätsel auf der Spur (1999) 193: 118
U. Zwicker: 12
J. Zyzik (RGK): 42

Die Kelten in Deutschland

Anhand neuester Forschungen bietet dieses Standardwerk einen Überblick über die Geschichte der Kelten und alle Bereiche keltischen Lebens. Vom Bauernhof bis zur Burg, vom Kleingeld bis zum Eisenrevier, vom Goldschmuck bis zur Totenfeier – Alltagsleben, Wirtschaft, Technik, Religion und Kunst werden im Lichte neuer Ausgrabungen im ersten Teil umfassend und anschaulich geschildert. Im zweiten, topografischen Teil des Bandes stellen renommierte Fachleute der Keltenforschung besuchenswerte Stätten der Kelten in Wort und Bild vor.
Von Sabine Rieckhoff und Jörg Biel.
542 Seiten mit 370 SW-Abbildungen und 40 Farbtafeln.

Der Keltenfürst von Hochdorf

2500 Jahre nach dem Tod des Keltenfürsten wurde das unberaubte Grab 1978/1979 geöffnet und untersucht. Jörg Biel, der die Ausgrabung und die Untersuchungen leitete, schildert die Entdeckung und die Ausgrabung dieses weltweit Aufsehen erregenden Fundes, stellt ihn in seinen archäologischen Zusammenhang und erzählt die Geschichte seiner schwierigen Restaurierung. Von Jörg Biel. 172 Seiten mit 70 Abbildungen auf 48 Farbtafeln und 91 Abbildungen im Text.

Glaube – Mythos – Wirklichkeit

Das Rätsel der Kelten vom Glauberg

Seit 1994 wurde am Glauberg in der Wetterau ein einmaliges Ensemble von Großgrabhügel, Fürstengräbern, steinerner Großplastik und »heiligem Bezirk« ausgegraben. In reich illustrierten und gut verständlichen Beiträgen ordnen namhafte Wissenschaftler die sensationellen Funde vom Glauberg in die Welt der Kelten in Europa ein.
Die Beziehungen der Kelten in Deutschland nach Mittel- und Südeuropa stehen dabei ebenso im Blickpunkt wie ihre Fürstensitze, ihre Kunst und Religion.
Herausgegeben von der Hessischen Kultur GmbH. 344 Seiten mit 400 meist farbigen Abbildungen.

Das archäologische Jahr in Bayern

Illustriert mit Fotos und Plänen, kurz, informativ und gut verständlich ist in den jährlich erscheinenden Bänden aus erster Hand umfassend zusammengetragen, was an neuen Ergebnissen und Erkenntnissen zur Landesarchäologie in Bayern erarbeitet werden konnte.
Herausgegeben vom Bayerischen Landesamt für Denkmalpflege und der Gesellschaft für Archäologie in Bayern e.V.
Jeweils rund 180 Seiten mit zahlreichen Abbildungen.